2억으로 1년에 10억 버는 토지 투자 기술

지금은 땅이 기회다

2억으로 1년에 10억 버는
토지 투자 기술

지금은 땅이 기회다

정병철(정프로) 지음

매일경제신문사

2011년 저는 10년 동안 다니던 금융회사를 그만두고, 부동산 투자와 개발 시장에 뛰어들었습니다. 직장에서 다녔던 10년 동안 이사를 여덟 번 하면서 번 부동산 수익이, 직장을 다니면서 번 수익보다 더 많다는 사실을 깨닫고, 본격적으로 부동산 투자 시장으로 뛰어든 것입니다.

그로부터 10년 동안 분양권 투자, 입주 장사, 아파트 투자, 상가 투자, 토지 투자, 건축, 토지 개발 등 수많은 경험과 사례를 통해 부동산 시장의 본질을 깨달았습니다. 경제적 자유를 이루며, 부동산 투자 시장의 원리를 이해할 수 있게 되었습니다.

특히 토지 투자도 매력이 있지만, 토지를 사서 건물로 되파는 토지 개발 시장의 잠재력이 엄청나다는 사실을 알게 되었습니다. 그러면서 부동산 투자는 운보다 실력이라는 사실을 새삼 느꼈습니다. 이 책을 보는 분도 제가 쓴 이 책이 인생의 터닝 포인트가 되길 바랍니다.

전국의 수많은 땅을 보러 다니며 상상력과 창의력을 발휘해서 '어떤 용도로 개발하면 좋을까?'를 수없이 고민했습니다. 밥 먹는 시간도 아끼려고 차 안에서 컵라면을 먹어 가며 땅을 보러 다니던 시간이 떠오릅니다.

최근 몇 년간 부동산으로 재미를 좀 본 분들…. 특히 아파트 가격 상승으로 갭 투자나 분양권 투자로 돈을 좀 벌어보신 분들…. 물론 최근에는 금리 인상 후폭풍으로 아파트 시장은 하락 추세로 주춤하고 있지만, 아파트와 분양권 투자로 돈을 번 분들이 어떤 특별한 기술로 돈을 번 것일까요? 물론 나름대로 지역분석, 입지분석, 가격분석을 통해서 투자 물건을 선정하셨을 것입니다. 손품, 발품을 팔고 알아봐서 실행했기 때문에 돈을 벌었을 것입니다.

하지만 그 시장은 일반인이라면 누구나 뛰어들 수 있는 무한경쟁 시장입니다. 특별한 기술보다는 상승장이냐, 하락장이냐에 따라 결정되는 시장이기도 합니다.

시장의 흐름이 상승장이기 때문에 투자한 분들이라면 누구나 돈을 벌 수 있었습니다. 그래서 기술보다는 매수와 매도 타이밍이 중요한 것이 바로 아파트 분양권 시장입니다. 반대로 지금 같은 하락장에서는 누가 투자해도 손실을 볼 수밖에 없습니다. 그런 시장이 바로 아파트 분양권 시장입니다.

하지만 토지 시장은 좀 다릅니다. 상승장, 하락장에 상관없이 언제든 수익을 낼 수 있습니다. 누구나 뛰어들 수 있지만 아무나 성공할 수 없으므로 더 매력적인 시장입니다. 진입장벽이 높지만, 한 번 제대로 진입만 하면 소수의 선택된 사람들은 언제나 돈을 벌 수 있는 매력적인 블루오션이기 때문입니다. 일반인들이 토지 투자에 가지는 편견 중 대표적인 것이 '토지 투자는 어렵다'는 것입니다. 이 말은 어쩌면 반은 맞고, 반은 틀린 말입니다.

일반인들에게 토지 투자가 어려운 것은 관련 용어들이 낯선 데다, 처음부터 토지 고수들의 영역인 시행이나 토지 개발, 경매 시장의 특수물건 등 겉모습이 화려하고 멋진 기술로 돈을 벌려고 하기 때문입니다. 그렇게 돈을 벌고 싶어서 조금 시도하다가 벽에 부딪히는 것입니다.

자신의 실력은 생각하지 않고, 더 멋있고 전문가적으로 보이는 것에만 연연하기 때문입니다. 심지어 기본적인 용어조차 잘 모르면서 말입니다. 수학에서 기본은 사칙연산입니다. 덧셈, 뺄셈을 알아야 곱셈, 나눗셈이 이해가 되고, 그래야 다음 단계로 넘어가서 미분, 적분까지도 풀 수 있게 됩니다. 초등학교 과정 없이 중학교로 간다면, 당연히 이해가 되지 않고 어렵기만 하겠지요. 토지 투자도 마찬가지입니다. 기본도 모르는데 수익만 좇아간다면, 당신을 노리는 사기꾼들에게 당하거나, 아니면 중도에 포기하게 될 것입니다. 결국은 땅을 사서 팔지 못하고 대대손손 물려줘야 할지도 모릅니다. 그런 사례가 많다 보니 많은 사람이 토지 투자를 어려워하고 겁을 낸다고 생각합니다.

하지만 반대로 토지 투자의 기본을 익히고 기초지식을 습득하고 연습해보고 차근차근 준비한다면, 토지 투자 초수와 중수를 거쳐 어느 날 토지 고수가 되어 있는 자신을 발견할 것입니다. 토지 투자로 수익을 꾸준히 내는 자신의 모습을 발견하게 되겠지요.

이 책을 보고 있는 여러분들은 이미 50%의 성공을 한 것입니다.

왜냐하면, 이미 토지 투자를 위한 도전을 시작하셨으니까요. 아마도 이 책을 다 읽고 나면 적어도 여러분들은 토지 초급에서는 벗어나서 토지 중급으로 갈 준비가 되어 있음을 느끼고, '나도 토지 투자해볼까?'라는 생각을 하실 것입니다.

끝으로 이 책이 나오기까지 힘이 되어준 사랑하는 두 딸, 혜원이와 혜민이, 출판사 관계자분들, 〈정프로부동산TV〉 구독자들께 감사드립니다. 이 책을 읽는 독자들께도 이 책이 토지 투자와 토지 개발에 대한 희망과 설렘, 부자로 가기 위한 디딤돌이 되시길 바랍니다.

정병철(정프로)

차례

PART 02 · 토지 투자를 위한 준비

PART 03 토지 분석하기

PART 04 토지 계약에서 매도까지

PART
05

소액 토지 투자 시뮬레이션

토지 투자 유망지역 안내

PART
01

초보자의 토지 투자
궁금증

초보자도 토지 투자
할 수 있나?

1 토지 투자 어렵지 않나?

여러분들이 부동산 투자를 하려는 이유는 무엇입니까? 현재 소득 이외의 제3의 소득을 창출하기 위해서일 것입니다. 특히 부동산 투자로 돈을 벌려고 노력하는 사람은 기존의 근로소득이나 사업소득 외 제3의 현금흐름과 투자 차익을 위해서 투자를 합니다. 아파트, 상가, 토지 등에 하는 모든 부동산 투자는 바로 이 제3의 현금흐름을 만들어내는 과정입니다. 그런데 왜? 어떤 사람은 투자에 성공하고 어떤 사람은 투자에 실패할까요? 그 이유를 한번 알아보겠습니다.

부동산 투자에서 가장 중요한 성공요소 2가지는 '사고방식'과 '실행력'입니다. 여러분들 로버트 기요사키(Robert Toru Kiyosaki)의 《부자 아빠 가난한 아빠》라는 책을 알고 계실 것입니다.

이 책에서는 부자 아빠의 사고방식은 '열심히 공부해서 좋은 투자를 해라, 리스크는 관리하는 것이다. 돈을 위해 일하지 말고 돈이 나를 위해 일하게 하라'라고 이야기합니다.

가난한 아빠의 사고방식은 '열심히 공부해서 좋은 직장 구해라, 리스크는 피해라, 나는 돈에 관심이 없고 돈은 인생에서 그렇게 중요하지 않다'라고 합니다.

핵심 메시지는 부자가 되려면 사고방식을 바꿔야 한다는 것입니다. 《성공하는 사람들의 7가지 습관》의 저자, 스티븐 코비(Stephen Covey) 박사는 "생각이 바뀌면 행동이 바뀐다"라고 말했습니다.

반대로 말하면 생각이 바뀌지 않으면 행동이 바뀌지 않는다는 것입니다. 사고방식, 즉 생각이 중요하다는 사실은 저도 알고 여러분들도 알고 있습니다. 하지만 그냥 아는 것과 생각을 바꾸는 것은 차이가 큽니다. 알고만 있으면 행동으로 나타나지 않습니다. 생각이 바뀌어야 행동으로 나타납니다. 실행하고 싶은 것과 실행하는 것은 천지 차이입니다.

부동산 투자를 하고 있다는 것은 이미 생각이 바뀌었고, 사고의 전환이 있었다는 의미입니다. 다만, 투자를 실행하는 데 있어서 공부와 경험 실행력과 담대함, 배짱, 투자 타이밍 포착 등 여러 요인으로 인해 그 투자는 성공할 수도, 실패할 수도 있습니다.

이런 사람들은 실패 또는 성공을 경험할 것입니다. 설령 실패하더라도 그 실패를 교훈 삼아 다음 투자에서는 더 나은 성과를 올릴 수 있는 가능성을 가지고 있습니다. 또한, 성공을 경험해본 사람들은 더 큰 성공을 위해 더 노력할 것입니다.

하지만 가난한 아빠의 사고방식처럼 현실에 만족하고, 투자를 회피

하는 사람들에게는 아무 일도 생기지 않습니다.

그러면 서두에서 던졌던 제 질문을 다시 생각해봐야겠네요. 왜 부동산 투자에서 어떤 사람은 성공하고, 어떤 사람은 실패할까요? 이 질문 자체가 잘못되었다는 생각이 듭니다. 이 질문은 적어도 부동산 투자를 현재하고 있거나 과거에 해봤던 사람들에게 유효한 질문입니다. 아예 부동산 투자를 해보지 않았던 사람들에게는 해당하지 않는 질문입니다. 그냥 그들은 기요사키가 이야기했던 가난한 아빠의 사고방식에 갇힌 인생을 살아갈 것입니다. 그렇다고 해서 그 인생이 나쁘다는 의미는 아닙니다. 각자 추구하는 삶의 방식과 방향은 다르니까요. 하지만 여러분들은 부자 아빠의 사고방식을 가지고 더 나은 삶을 영위하는 방법으로 부동산 투자 중에서 토지 투자를 알아보기 위해 이 자리에 있습니다.

2 부동산도 분산 투자가 필요하다

대표적인 투자 방법인 주식 투자에서 성공하려면, '분산 투자'하라고 합니다. '계란을 한 바구니에 담지 말라'라는 것입니다. 여러 종목에 투자해서 리스크를 분산시키고, 서로 업종이 다른 종목을 선별함으로써 리스크를 줄이는 것입니다. 경기순환에 맞게 돈을 벌 수 있는 전략이 바로 분산 투자입니다. 부동산 투자도 마찬가지로 분산 투자를 해야 합니다. 집, 상가, 토지는 대표적인 부동산 종류입니다.

원래 집은 투자의 대상이 아니라, 삶의 기본이며 휴식 공간입니다.

투자의 대상이 아니라 실수요자들이 거주해야 할 곳입니다. 그런데 지금은 우리나라뿐만 아니라, 전 세계적으로 집이 투자의 대상이 되었습니다. 아마도 수요가 많으므로 가격이 상승하고, 그 과정에서 차익이 남기 때문에 자연스럽게 투자의 대상이 되지 않았을까 싶습니다. 현재는 집이 그 고유의 목적과 별개로 투자와 투기의 대상이 되었고, 이런 현상은 앞으로도 계속될 것입니다. 만약 집값이 하락하지 않고 상승만 한다면 상관없을 것입니다. 하지만 집값은 경기에 민감하고, 큰 사이클에 의해 움직입니다. 상승기와 하락기가 존재하는 부동산 투자 영역입니다. 하락기에 투자를 잘못하면, 큰 손해를 볼 수도 있습니다.

수익형 부동산의 대표 상품인 상가는 주택 다음으로 부동산 투자에서 주목받는 분야입니다. 안정적인 월수입을 가져갈 수 있는 상가 투자는 매매 차익보다는 매월 받는 월세에서 나오는 수익률이 중요합니다. 그래서 금리에 민감하고 경제과 경기 상황에 영향을 많이 받습니다.

토지는 경기에 민감하지 않고, 금리에도 둔감하며, 매우 지역적이고, 경기 사이클이 존재하지 않는 부동산 분야입니다. 아파트도 결국 토지 위에 건축되는 것이고, 상가 또한 토지 위에 건축됩니다. 토지 위에 어떤 건축물이 건축되느냐에 따라 토지의 가치는 엄청난 차이를 보입니다. 이런 과정에서는 하수보다는 중수가, 중수보다는 고수가 투자에 성공할 확률이 높습니다. 말 그대로 실력의 차이가 존재하는 투자 영역입니다.

땅값은 정말 특별한 악재 외에는 웬만하면 하락하는 일은 없습니다. 땅은 모든 부동산의 근간이기 때문에 수요가 많다, 적다는 말로 표현할 수 없습니다. 아파트처럼 공급 과잉이다, 상가처럼 수요가 없어졌다 하는 경우가 없습니다.

　이 3가지 집과 상가와 땅의 특성을 듣고 여러분들은 투자한다면, 어떤 분야에 투자하고 싶으십니까?

　가장 이상적인 투자는 앞의 3가지 투자를 병행하는 것이 가장 좋은 방법입니다. 기본적으로 주택은 실수요와 투자를 시기에 따라 병행합니다. 상가 투자의 경우는 기본 소득 외 안정적인 현금흐름을 위해 꼭 필요합니다. 토지 투자는 잘 투자하면 몇 배의 차익을 볼 수 있기 때문에 이 3가지 투자를 병행하는 투자가 가장 좋은 투자입니다. 하지만 사람들이 그렇게 못한다고 하는 가장 큰 이유는 바로 분산 투자할 만큼 자금의 여유가 없다고 생각하기 때문입니다. 과연 그럴까요?

　현재 대한민국은 오로지 아파트 투자에만 올인하는 사람들이 대부분입니다. 자나깨나 아파트만 찾습니다. 충분히 분산 투자할 수 있는 다른 투자가 있는데도 아파트 투자에만 '몰빵' 합니다. 왜 그럴까요? 부동산 투자에서 앞으로 다가올 일을 알 수는 없지만, 과거의 데이터로 미래를 예측해보는 것은 가능합니다.

❸ 가격 결정권을 가지는 자가 성공한다

　아파트 시장은 수요와 공급에 민감하고 정부의 규제에서 벗어나지 못하는 시장입니다. 제가 생각하는 부동산 투자는 적어도 내가 사고자 하는 부동산이든 팔고자 하는 부동산이든 그 가격을 스스로 결정할 수 있어야 수익을 낼 수 있다고 생각합니다. 불가능할까요?

가격 상승기에 가격 결정권은 매도자가 가지고 있습니다. 가격 하락기에는 가격 결정권이 매수자에게 있습니다. 자신이 만약 어떤 부동산을 팔아야 한다면 가격 상승기에 팔면 됩니다. 만약 어떤 부동산을 사고 싶다면 가격 하락기에 사면 됩니다. 어쩌면 상당히 단순한 논리입니다. 하지만 사람들은 투자할 때, 그 반대로 합니다. 가격이 올라갈 때는 사려고 안달이고, 가격이 내려가면 못 팔아서 안달입니다.

그러다 보니 고점에 물리고 저점에서 파는 상황이 오는 것입니다. 자신만의 투자 원칙을 명확히 정하지 않고, 분위기와 감으로 판단하다 보면 이런 일이 생깁니다.

'무릎에서 사서 어깨에서 팔라'라는 투자 원칙이 괜히 있겠습니까? 내가 계획했던 가격이 왔을 때 미련 없이 팔 수 있는 담대함이 있어야 합니다. 나만의 투자 원칙이 필요합니다. 가격 책정 방법, 목표 기간 설정과 매수와 매도 가격을 내가 결정할 수 있는 투자 원칙을 세우십시오.

토지는 우리 삶의 필수재인 주택이나 아파트와 달리, 없어도 살아가는 데 지장이 없는 선택재입니다. 투자의 관점에서 보면 아파트는 보편적 수요가 많은 부동산이고, 토지는 선택적 수요가 많은 부동산입니다. 이 선택적 수요가 무엇인지 알아야 토지 투자를 이해할 수 있습니다.

여러분이 투자하는 이유는 뭘까요? 아주 단편적으로 이야기하면 돈을 벌기 위해서 투자하는 것입니다. 아파트 투자도, 토지 투자도 돈을 벌기 위해서 하는 것입니다. 아파트 투자로 돈을 계속 잘 번다면, 굳이 토지 투자에 관심을 둘 이유도 없습니다.

사람들이 주식 투자를 하는 것도 돈을 벌기 위해서 하는 것입니다.

그런데 그 주식 시장에서 개인이 돈을 벌 확률이 얼마나 되는 줄 아십니까? 5%가 되지 않습니다. 그 이유는 뭘까요? 바로 기울어진 운동장이기 때문입니다.

기관과 외국인으로 불리는 거대한 세력들과의 경쟁에서 정보의 차이와 속도를 개인은 이길 수 없습니다. 공매도 등 각종 제도에서 개인은 불리합니다. 이렇게 불리한 조건에서도 돈을 벌겠다는 희망으로 개인들은 주식 시장에 투자합니다. 물론 운이 좋아 몇 번은 돈을 벌 수는 있을 것입니다. 하지만 계속 투자하다 보면, 결국 손실을 볼 가능성이 아주 큽니다.

반면 부동산 시장은 기관과 외국인 같은 세력이 없습니다. 개인들에게는 더없이 공평한 시장이지요. 철저히 수요와 공급으로 가격이 움직입니다. 토지는 더더욱 부증성이라는 특성이 있습니다. 즉, 더 생산하지 못하는 특성이 있는 한정된 재화입니다. 그러니 수요가 있는 토지는 가치가 올라갈 수밖에 없습니다. 반대로 가치가 없는 토지를 가치 있게 만들어서 수요를 만든다면 높은 가격을 받고 팔 수 있다는 결론을 내릴 수 있습니다. 그렇게 가치의 변동성을 이용해 가치를 올리는 일이 토지 개발입니다.

4 토지 투자! 어떤 준비를 해야 하나?

토지 투자에서 실패는 다행히 손실을 의미하지는 않습니다. 다만 잘못 산 토지는 평생 팔리지 않아, 대대손손 상속해줘야 할지도 모르는 리스크가 있을 뿐입니다. 그래서 토지 투자는 기본공부가 필수적입니다. 기본공부는 누구나 할 수 있고, 아파트 투자를 해보신 분이라면 더 이해하기 쉽습니다. 기본도 모르면서 수익만 좇아간다면 여러분을 노리는 토지 사기꾼들에게 당하거나, 아니면 중도에 포기할지도 모릅니다. 그래서 많은 사람이 토지 투자는 어렵고 겁난다고 생각합니다.

하지만 반대로 토지 투자의 기본을 익히고 기초지식을 습득하고 연습해보며 차근차근 준비한다면 토지 초수와 중수를 거쳐 어느 날 토지 고수가 되어 있는 자신을 발견할 것입니다. 토지 투자를 위해서는 토지 투자로 수익을 낼 방법을 배우고 어려운 용어 중에 꼭 알아야 하는 몇 가지의 용어를 익혀야 합니다. 최소한의 공법을 공부해서 투자 유망지역을 발굴해서 살 토지를 선정하고, 분석해서 땅을 사고, 수익을 내는 전략으로 팔면 됩니다.

또한, 중요한 원칙이 하나 있습니다. 바로 토지 투자에서 자신만의 원칙을 세우고 투자해야 한다는 것입니다. 그러기 위해서는 투자 목표 금액을 설정하고 목표 달성 기간을 정해야 합니다. 그리고 어떤 투자 방식으로 땅 투자를 할지 나만의 기준을 정해야 합니다. 이 투자 방식에는 법인으로 투자할지, 개인으로 할지, 지분 분할 경매로 돈을 벌 건지, 수용되는 농지로 돈을 벌 건지 등이 있습니다.

자신만의 주력 분야를 정하고 연습해봐야 합니다. 지금은 어려울 수도 있지만, 공부하시면 차츰 자연스럽게 알게 될 것입니다. 매수와 매도 타이밍을 어떤 기준으로 잡을지 정할 수 있게 됩니다. 수익률로 정할지, 아니면 기간으로 정할지, 가격으로 정할지…. 분명한 원칙이 있어야 합니다.

또한, 여러 경로로 취합한 정보를 토대로 투자할 지역을 정해야 합니다. 땅은 꼭 눈으로 보고 사야 합니다. 임장(현장답사)하지 않은 땅은 절대로 사면 안 됩니다. 그래서 처음에는 적어도 내가 살고 있는 곳에서 2~3시간 이내의 땅에 투자할 것을 추천해드립니다.

그렇게 준비가 되면 내가 투자할 수 있는 기간을 설정해보고, 자주 투자해야 빠른 시간 안에 돈을 벌 수 있습니다. 횟수를 늘리기 위해서는 장기보다 단기로 투자해야 하고 단기로 투자할 때는 개발이라는 개념이 가미되어야 가능해집니다. 또한, 토지는 단기 매도 시 양도소득세가 높은 단일세율로 잡히기 때문에 이를 해결하려면 법인을 만들어서 투자하는 방법을 활용하면 됩니다.

마지막으로 토지 투자에 관련된 기본적인 용어의 이해입니다. 용어는 일부러 공부하려고 하지 마시고 그때그때 마다 모르는 단어가 나왔을 때 공부해 나가면 됩니다. 예를 들어, '용도지역'이라는 용어가 나왔을 때 모른다면, 그때 찾아보고 공부하면 된다는 뜻입니다. 공부를 위한 공부보다는 실전 투자를 위한 공부가 훨씬 머릿속에 잘 들어올 것입니다.

5 아파트 투자와 뭐가 다르지?

여러분들이 아파트 투자로 꾸준히 수익을 낼 수 있다면 굳이 토지 투자는 하지 않아도 됩니다. 아파트 투자의 경우에는 초기 자금이 많이 필요하고, 정부의 규제에서 벗어나지 못한다는 정치적 리스크가 존재합니다. 반면 토지 투자는 '소액 투자는 힘들다'라고 많은 분이 오해하시는데, 알고 보면 오히려 소액으로 투자할 물건이 넘쳐납니다. 다만 그런 물건을 찾는 방법이나 찾아서 수익을 내는 방법을 모를 뿐이지요. 토지 투자를 해야 하는 가장 큰 이유는 아파트 투자와 상호 보완적인 관계이기 때문입니다. 또한, 아파트는 단순히 내가 산 가격보다 비싸게만 팔면 수익이 되는 투자라면, 토지 투자는 적극적이고 인위적으로 가치를 올려 만들어서 팔 수 있는 장점이 있는 분야입니다. 즉, 여러 가지 기술을 구사해서 수익을 극대화할 수 있는 부동산 분야입니다. 예를 들면 땅으로 사서 시간이 지나 원형지 땅 그대로 매매 차익만 보고 팔 수도 있지만, 농지나 임야를 사서 건축이 가능한 대지로 용도를 변경해서 팔면 형태나 형상은 변하지 않았어도, 그 용도나 가치를 변화시킨 것이니 가치가 상승합니다. 그 위에 건축물을 건축해서 분양하면, 더 적극적인 토지 가치의 상승 작업 형태입니다. 흔히 말하는 토지 개발의 개념이 되는 것입니다. 그래서 대표적 부동산 투자인 아파트 투자와 토지 투자가 다른 5가지를 살펴보겠습니다.

▲ 건축은 대표적인 토지 개발의 한 종류다.   출처 : 저자 작성

1. 사이클

아파트의 사이클은 일정한 패턴이 있습니다. 보통은 서울이 오르면, 그다음 수도권과 광역시가 오릅니다. 그다음에는 규제가 덜한 지방 소도시의 인구 100만 명 이상인 도시가 오릅니다. 그다음으로 혁신도시나 개별 호재가 있는 소도시 위주로 오릅니다.

아파트 사이클의 특징은 대부분 동조화 현상이 있고, 정부의 규제에 따라 큰 도시에서 작은 도시로 시차를 두고 옮겨가는 특성이 있습니다. 반면 토지 시장의 사이클은 아파트와는 다르게 사이클도 없고 전국적인 동조화도 없습니다.

토지 시장은 사이클이 없지만, 땅 투자에는 사이클이 있습니다. 이 사이클은 뒷장에서 다루기로 하겠습니다. 토지 시장은 국가의 정책과 대기업의 투자와 밀접하며 아주 국지적입니다. 이미 돈 버는 지역은 시장에 공개되어 있습니다. 국토종합계획, 광역도시계획, 도시기본계획, 도시관리계획 등으로 이미 온라인에서 누구나 볼 수 있도록 오픈되어 있습니다. 사이클보다는 정보가 더 중요한 시장이며, 공개된 정보도 일반인들은 활용하지 못하는 경우가 대부분입니다. 흡사 금덩이가 널려 있는 시장을 두고 돌덩이만 모여있는 곳에서 열심히 투자처를 찾는 그런 안타까운 분들을 많이 봅니다.

여러분들, 지금 이 시간부터 이것 하나만 해보십시오. 국토종합계획이 20년 주기로 수립됩니다. 현재 제5차 국토종합계획(2020년~2040년)이 수립되어 있습니다. 국토교통부 홈페이지에서 내려받으시면 됩니다.

제5차 국토종합계획 중 시·도별 발전 비전

출처 : 국토교통부

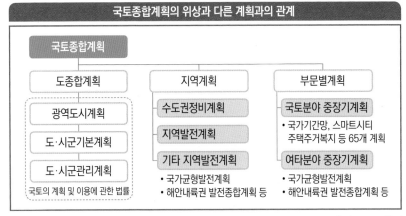

국토종합계획의 위상과 다른 계획과의 관계

출처 : 국토교통부

부동산 투자를 하는 분이라면 아파트든 토지든 국토종합계획은 반드시 알고 있어야 합니다. 국가에서 이렇게 앞으로 대한민국을 발전시켜 나갈 것이라고 알려주고 있는데, 그 보물지도를 왜 버려두고 계십니까? 지금 당장 국토교통부 홈페이지에서 국토종합계획을 내려받아서 향후 대한민국 어디가 발전될 것이고, 내가 사는 지역에는 어떤 계획이 있으며, 어떻게 진행될 것인지 그 보물지도를 펼쳐 보십시오. 아마도 보고 나면 심장이 뛸 것입니다.

2. 규제의 차이

아파트 투자에서 매수와 매도 타이밍을 잡는 데 중요한 것이 바로 정부의 규제입니다. 이 규제는 정치와 밀접하며 여당과 야당에 따라서도 달라집니다. 속도도 빠르며 예측도 쉽지 않습니다. 전문가들의 말은 항상 후행하는 습성이 있습니다. 자신의 빠른 판단력과 냉철한 판단력 없이는 다른 사람의 의견에 휩쓸리기 쉽고 동조화되기 쉽습니다.

반면 토지 규제는 이미 정해진 대로 웬만하면 변동 없이 쭉 이어져 왔습니다. 앞으로도 큰 틀에서 변동 없이 이어질 것입니다. 우리나라의 토지 규제는 딱 하나입니다. 무분별한 난개발을 막기 위해 규제하거나, 아예 개발 자체를 제한해버리는 것입니다. 쉽게 생각하면 그런 땅은 안 사면 됩니다. 토지 투자에서 일반인들이 가장 어렵게 느끼는 것이 바로 이 규제, 부동산 공법이라고 하는데요. 이런 행위는 하면 안 된다, 어떤 행위를 하려면 허가를 받아라 등이 바로 규제입니다. 우리나라는 약 400가지 정도의 규제가 있습니다. 그런데 한 번씩은 이 규제가 풀립니다. 그때 풀리는 땅은 돌덩이에서 금덩이로 바뀌는 것입니다. 규제가 해제되고 용도가 바뀌면, 땅값은 당연히 오르겠지요. 그런 곳의 정보를 미리 알아서 투자하면 돈 버는 것입니다. 그런 규제가 완화될 곳을 찾는 방법도 다 공개되어 있습니다. 다만 못 찾을 뿐입니다.

3. 시장 참여자

경쟁자가 많은 시장은 결국 특별한 비결이나 경쟁력이 없으면 도태됩니다. 자고 나면 생기는 그 많은 카페 중 단연 으뜸은 세계적인 프랜차이즈 브랜드 스타벅스겠지요.

여러분들은 스타벅스의 경쟁력과 노하우를 아시나요? 첫 번째는 커피 쿠폰을 아낌없이 지원해서 스타벅스 커피 맛에 중독시킵니다. 일단 중독되면 안 갈 수가 없겠지요. 두 번째는 자동충전카드를 통해 적립된 어마어마한 충전선급금을 운용해서 수익을 냅니다. 스타벅스가 이 충전선급금으로 낸 수익이 아주 어마어마합니다. 전 세계적으로 보면 그 금액은 더욱 대단한 규모일 것입니다. 그래서 스타벅스는 카페 수입과 더불어 운용 수익으로 이원화된 수익모델을 가지고 있습니다. 이렇듯 경쟁이 많은 시장에서 경쟁력을 가지고 독보적인 노하우를 쌓은 업체를 시장 참여자들은 이길 수가 없습니다.

아파트 시장은 카페처럼 시장 참여자가 많습니다. 그래서 인기 아파트 청약은 그들과 경쟁해야 해서 하늘의 별 따기가 되었습니다. 괜찮은 아파트가 경매에 나오면 거의 매매 가격에 낙찰되고는 합니다. 반면 토지 시장은 시장 참여자가 많지 않습니다. 개발 호재를 알아도 선뜻 투자에 나서지 못합니다. 왜일까요? 사면 장기 투자해야 할 것 같아서일까요? 이런 생각 또한 토지 투자의 타이밍을 정확히 몰라서 생기는 일입니다. 아무리 좋은 주식도 고점에 사면 물려서 고생합니다. 어느 시점에 사서 어느 시점에 팔아야 하는지 주식은 알 수 없지만, 토지는 이미 알 수 있습니다. 다만 그런 개발지역을 찾는 데 게을러서 내 주위에서만 찾다 보면, 지역에 나를 맞추게 되다 보니 그런 결과가 발생하는 것입니다.

4. 환금성

아파트 투자와 토지 투자의 가장 큰 차이가 바로 이 환금성입니다. 아파트는 이른바 손해 보더라도 싸게 던지면 팔립니다. 하지만 토지는 웬만큼 싸게 던져도 안 나가는 경우가 있습니다. 정확히 이야기하면 내가 돈이 필요한 시기에 바로 현금화하기가 쉽지 않다는 단점이 있습니다. 그래서 아파트와 토지에 분산 투자를 해야 합니다. 단기에 필요한 돈을 토지에 묶는다면 잘못된 투자를 한 것이겠지요. 땅은 좀 특이한 면이 있습니다. 좋은 땅과 돈 되는 땅이 따로 있다는 것입니다. 보통 땅을 잘못 사서 묶인 분들은 자신에게 좋은 땅을 산 결과입니다. 애초부터 투자 관점에서는 잘못되었다는 것이지요. 그냥 자신이 좋아하는 땅을 샀기 때문입니다. 그래서 땅은 살 때에 팔 때를 생각하고 사야 합니다. 현재 시장의 분위기는 인플레이션과 금리 상승으로 전반적으로 불경기입니다. 이럴 때 관심을 가져야 할 곳이 바로 경매 시장입니다. 고금리를 이기지 못해 경매 시장으로 물건이 늘어나고 있습니다. 경매는 부동산 시장의 선행 지표입니다. 싸게 사서 원래 시세대로 팔고 차익을 남길 수 있습니다. 토지 시장에서 아주 좋은 시장이 열리고 있습니다.

5. 투자 기간

아파트보다 토지가 장기 투자인 것은 맞습니다. 아파트는 짧게는 1~2년 길게는 임대차 3법과 맞물려 4년 정도를 보고 많이 투자하십니다. 토지 역시 4~5년이 좋습니다. 짧게는 2~3년 정도를 보고, 투자하는 때도 많습니다. 때로는 조금 길게 가져가는 경우가 있습니다. 토지 자체로 그렇기보다는, 임대 수익과 매매 차익 그리고 양도소득세를 고려한 투자일 때 그렇습니다.

신도시 택지의 경우 토지로 매입해서 조립식 건물을 건축해 보증금으로 건축비를 충당합니다. 월세로 토지 이자를 감당하고 일부는 임대 수익으로 가져갑니다. 도시가 점점 개발되고 인구가 늘어나며 자연스럽게 땅값이 상승하는 경우가 대부분입니다. 이런 경우는 장기적으로 10년 정도 보고 가져가도 됩니다.

단기간 수익을 보고 싶다면 양도소득세도 아끼면서, 토지의 원가를 개발비용으로 올릴 수 있는 용도변경, 지목변경, 창고, 근생건물 건축 등의 방법으로 법인을 설립해 투자하는 것도 좋은 방법입니다. 저 역시 시행 법인으로 토지 투자를 하고 있습니다.

🖪 투자 지역은 어떻게 선정할까?

토지 투자의 준비가 끝났다면 이제 투자 지역을 선정할 차례입니다. 저 역시 초보 투자자들을 만나면 가장 먼저 이 질문을 받습니다. 어느 지역에 투자해야 돈이 될까요? 하지만 이 질문에는 중요한 요소가 하나 빠져 있습니다. 바로 '시점'에 대한 부분입니다. 매입 시점이 현재 시점인지 6개월 이후인지, 1년 이후인지에 따라 답은 달라집니다. 지금으로

제주국제학교 전경

출처 : 저자 작성

부터 7~8년 전 저는 투자를 위해 제주영어교육도시에 있었습니다.

그 당시에 제주영어도시에는 국제학교만 있었고, 주변 인프라나 편의 시설 등이 제대로 갖춰져 있지 않았던 시절이었습니다. 그 당시 자녀 교육을 위해 제주영어도시로 이사 간 친구의 소개로 이곳을 알게 되었습니다. 이곳 학교에 보내기 위해서는 한 해 학비만 4,000만 원 이상이 든다는 사실을 알게 되었고, 내려오는 분들은 대부분 재력이 있는 분들이었습니다.

학교 주변에는 흡사 서울의 강남처럼 외제 차가 흔하게 보였습니다. 마치 서울 강남에 와 있는 듯한 느낌이 들 정도로 별천지였습니다.

제주영어교육도시의 아파트

출처 : 저자 작성

그때 분양했던 해동그린앤골드라는 아파트가 있었습니다. 제주라는 지역적 특성상 4층까지밖에 안 되고, 288세대로 총 18개 동의 빌라 구조의 아파트였습니다. 브랭섬홀아시아와 KIS국제학교를 도로로 다닐 수 있는 장점으로 인해 3.3㎡당 1,000만 원 이하에 분양했지만, 그 당시 고분양가 논란과 아직 성숙하지 않았던 국제학교의 인식으로 인해 일부 세대가 미분양이 되었습니다. 2016년에 2억 원 후반이었던 아파트가 딱 2년 만인 2018년에 8억 원까지 올랐습니다.

그리고 주춤하다가 코로나19로 해외 유학이 막히자 상대적으로 제주국제학교가 주목을 받았습니다. 그래서 현재도 여전히 8억 원 정도를 유지하는 대장 아파트가 되고 있습니다. 서울 아파트 가격에 비하면 싸게 느껴지지만, 그 당시 제주도에서 이 가격은 상상할 수 없는 가격이었습니다.

출처 : 호갱노노

그러면 그 기간, 땅값은 어땠을까요? 제주국제학교가 있는 대정읍 구억리, 보성리 인근의 건축이 가능한 땅값은 2015~2016년에 $3.3m^2$ 당 50만 원에서 100만 원 사이였습니다. 그로부터 8년 정도 지난 지금은 3.3㎡당 400만 원에서 700만 원 사이입니다. 같은 기간에 아파트가 2.5배 올랐는데 땅값은 거의 10배 이상 상승했습니다. 이것이 바로 토지 투자의 매력이고 위력입니다.

출처 : 디스코

투자할 때는 지역을 잘 골라야 하고, 잘 고른 그 지역에 투자할 타이밍을 잘 잡아야 합니다. 이렇듯 시점이 중요합니다. 저는 전국의 개발계획을 알기 위해, 국토교통부나 LH 등 대규모 개발계획을 수립하고 진행하는 부처의 홈페이지를 늘 찾아봅니다. 경제신문을 탐독하고 인터넷 포털에서 부동산 개발정보를 찾아보며 관심을 가집니다. 또한, 제 5차 국토종합개발계획을 보고 2020~2040년까지 20년 동안 우리나라 어디를 어떻게 개발할지에 대해 공부합니다.

통계를 볼 수 있는 통계청 사이트를 통해 인구 증감 추이도 유심히 점검해봅니다. 저는 향후 '인구'가 부동산에 미칠 영향이 대단히 크고 심각하리라 생각합니다. 지금 MZ세대들은 결혼은 해도 자녀 계획이 없는 분들이 많습니다. 왜냐면 미래가 불투명하기 때문입니다. 정부는 그런 부분에 초점을 맞춰 저출산 대책을 세워야 하는데, 단순히 지원금을 늘리는 정책 정도로는 당분간 출산율은 심각한 수준으로 줄어들 것입니다. 반면 노인의 인구는 기하급수적으로 늘어날 것입니다. 이런 세대 간 인구의 증감 변화가 아파트나 주거형태, 평형 등 여러 가지를 변화시킬 것입니다. 토지의 수요 또한 달라질 것입니다.

대규모 실버타운 건설 및 전원휴양 도시의 진화 등 향후 인구의 변화로 인한 부동산 시장의 변화 역시 여러분들이 고민해보고, 투자 지역을 선택하는 데 참고해야 할 것입니다. 결국, 투자 지역 선정에서 가장 큰 주안점은 인구와 도로망 그리고 시간적인 타이밍 포착입니다. 개발지역에 너무 빨리 들어가도 물릴 수 있고, 너무 늦어도 안 됩니다. 그래서 주식 시장에는 '무릎에 사서 어깨에 팔라'라는 말이 있는 것입니다.

신도시 투자라면 적어도 기반시설은 마련되었을 때 진입하고, 적당히 팔라는 제의가 올 때 더 욕심내지 않고 수익을 챙기는 지혜가 필요합니다. 또한, 투자할 수 있는 여력의 자금을 확인하고, 그 자금을 투자할 수 있는 지역에 투자해야 합니다. 여기서 조심할 점은 내가 가진 돈에 땅을 맞추면 안 된다는 것입니다.

예를 들어, 동일지역 400평 계획관리지역의 땅값이 80만 원인데, 자금이 모자라서 동일지역 인근 농업진흥구역 내 농림지역이 400평에 20만 원에 나왔다고 덜컥 사는 우를 범하지 않기를 바랍니다. 같은 지역이라고 해도 용도지역에 따라 투자하면 안 되는 농업진흥구역의 땅을 싸다고 산다면, 평생 농사를 지으면서 보유해야 할지도 모릅니다.

땅값의 속성을 하나 말씀드리자면, 개발예정지역은 농업진흥구역 내에 3.3m^2당 10만 원짜리의 농지가 20만 원이 되려면 10년이 걸릴 수 있지만, 계획관리지역 100만 원짜리가 1년 만에 200만 원이 될 확률이 높습니다. 땅의 기본 속성을 아는 것이 토지 투자의 기본입니다.

이렇게 정보를 취합하고 판단해 관심이 가는 지역을 추려봅니다. 보통 관심 지역은 5곳 이내로 정하고 시간이 될 때마다 정보를 분석합니다. 그리고 주말이나 시간이 날 때는 여행 겸해서 꼭 주변 임장을 해서 실제로 분위기를 느껴봅니다. 토지 투자에서 임장은 정말 아무리 강조해도 지나치지 않는 중요한 사항입니다. 특히 인구증감 지역을 잘 찾아내는 능력이 필요합니다.

땅의 가치는 결국 인구증가입니다. 사람이 많으면 땅이 많이 필요하기 때문입니다. 아주 쉬운 이 논리를 아파트든, 토지든 많은 투자자들이 간과합니다.

⑦ 투자 지역 선정 시 고려할 사항

서울의 땅값이 비싼 이유는 사람이 가장 많이 살고 또 살고 싶어 하기 때문입니다. 그다음으로 서울 주변의 위성도시들 땅값이 비싸고, 광역시 땅값이 비쌉니다. 핵심은 '인구'라는 사실 잊지 마세요. 그리고 다들 '인서울(In Seoul)'하고 싶은데 너무 비싸서 수도권으로 밀려나는 현상이 생깁니다. 따라서 밀려났지만 인서울하는 데 시간이 빨라진다면 좋겠지요. 그게 바로 교통망 개선입니다. GTX A, B, C 노선이 집값과 땅값에 엄청난 영향을 미칠 수밖에 없는 이유입니다.

최근 충남 당진시 송악읍의 토지를 상담하신 분이 있습니다. 맹지인

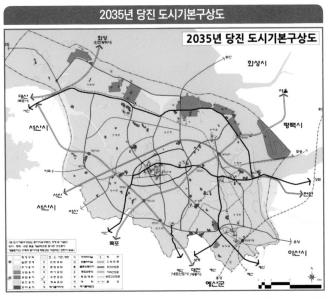

2035년 당진 도시기본구상도

출처 : 당진시청

데 향후 충분히 아파트 부지나 시행부지에 포함될 수 있는 위치에 있다고 합니다. 그런데 현재 대출이자로 어려운 처지에 있다 보니, 주위 부동산 중개사무소에서 싸게 사려고 호시탐탐 노리고 있었습니다. 그래서 제가 설명해드리고, 맹지 탈출 방법과 추가 대출을 통한 보유 기간 늘리는 전략을 제시해드렸습니다.

최근 관심이 가는 지역이 바로 당진시입니다. 2012년에 인구 증가로 군에서 시로 승격한 당진시는 서해안 복선 전철화 사업이라는 교통망 개선이 호재입니다. 경기도와 접하고 있는 지리적인 장점에다, 석문국가산업단지 등 풍부한 일자리 등의 호재가 있습니다.

땅값은 거품이 생겨야 그것을 타고 상승합니다. 이 거품은 바로 투기수요를 말합니다. 상승초기에는 투기수요가 땅값을 밀어 올리고 상승 중반 이후부터는 실수요와 투기수요가 합세해서 땅값을 밀어 올립니다. 수많은 개발계획 중 최종 성공하는 개발 사업은 채 10%가 되지 않습니다. 그 10% 내의 개발 예정지 토지 투자로 여러분들은 성공해야 합니다. 그러면 어떻게 그런 사업을 골라낼 수 있을까요?

우선 정치적 지형에 따라 달라지거나 좌초될 수 있는 사업은 신중하게 판단하시길 바랍니다. 여당과 야당의 공약때문에 백지화가 될 수 있다면, 처음부터 투자 지역에서 제외하는 것이 낫습니다. 대표적으로 지자체장의 소속 정당과 정부·여당이 다른 곳의 국책사업은 사업이 지연될 확률이 높습니다. 반면 대규모 국책사업의 경우는 투기수요가 붙습니다. 그중에서도 교통망과 관련되거나 대규모 일자리 유치가 보장된 곳이라면 금상첨화겠지요. 그리고 이런 국책사업은 수도권이 훨씬 주목받고 투자 유망지역이 됩니다. 따라서 현재는 3기 신도시와 GTX 노선의 정차역 등을 중심으로 유망지역을 선정하면 좋을 것 같습니다.

2023년 3월 15일, 깜짝 놀랄 발표가 있었습니다. 바로 삼성전자가

출처 : 카카오맵

반도체 투자로 용인에 20년간 300조 원을 투입한다는 내용입니다. 제가 여기서 더 주목한 점은 대통령이 이 내용을 발표하고 도지사가 지원 전담기구(TF)를 만들어 지원한다는 점이었습니다. 토지 투자 지역에서 1순위는 정부의 국책사업지역이고, 2순위가 대기업의 공장건설 등 일자리와 인구 유입 교통망 개선이 기대되는 지역입니다. 이 발표는 바로 정부정책과 대기업 투자라는 2가지가 동시에 접목된 호재라는 점입니다. 향후 삼성전자 기흥캠퍼스와 화성캠퍼스, 평택캠퍼스. 이번에 발표된 용인 반도체 메가 클러스터 지역을 점으로 이어 보신다면 확실한 토지 투자처가 생길 것이라고 확신이 듭니다. 이미 토지거래허가구역으로 지정되었지만, 향후 용인의 남사읍 인근은 유심히 살펴봐야 할 지역입니다.

출처 : 용인시청

또한 현재 가장 주목받는 국책사업 중에는 수도권의 화성 송산그린 시티와 서울 세종 고속도로 건설사업이 있습니다. 전라도권역은 최근 2차전지 공장유치가 잇따르는 새만금개발사업, 남부권역에서는 남부 내륙철도 사업, 가덕도 신공항건설사업, 여수 남해 해저터널사업, 진해 신항 건설사업, 항공우주청 설립 사업 등이 있습니다. 물론 제주도는 전역이 투자 대상이고 이번에 신공항과 관련된 환경부의 환경영향평가가 조건부 심의로 통과되어서 더더욱 주목해야 할 곳입니다. 제주도는 토지 투자 지역으로 항상 제 머릿속에 있고 실제로 1년 정도 살면서 사업과 투자를 병행한 곳이라, 향후 발전 가능성이 엄청나게 크다는 것을 느끼고 있습니다. 다만 특별자치도라서 육지와 다른 섬이므로 특이한 규제가 있으므로, 조심해서 토지 투자를 해야 하는 지역입니다.

⑧ 필요한 자금은?

토지 사려면 자금은 얼마나 있어야 할까요?

이 질문은 정말 많은 분이 하는 질문입니다. 땅은 몇백만 원부터 살 수 있습니다. 땅을 사는 것이 중요한 것이 아니라 얼마를 받고 파느냐가 중요한 것입니다. 다만 소액으로 땅 투자를 하실 분들은 경매나 공매를 통해서 시작해야 합니다. 그 이유는 증개사무소에서 몇백만 원짜리 하다못해 몇천만 원짜리 땅은 거래에 별로 신경을 쓰지 않기 때문입니다. 왜냐면 돈이 되지 않으니까요. 공인중개사는 법정 중개보수를 받는데 예를 들어 5,000만 원짜리 토지를 거래하면 법정보수를 0.9% 내에서 협의합니다. 그러면 45만 원 정도 되는데 협의라고 되어 있으니 그것을 또 협의하려는 분들이 생각보다 많습니다.

　제가 중요한 사항을 하나 알려드리겠습니다. 아파트 투자든 상가든 토지 투자든 여러분들은 꼭 공인중개사와 맞닥뜨릴 수밖에 없습니다. 어떤 공인중개사를 만나고 어떤 인연을 맺는지에 따라 여러분들의 부동산 투자가 180도 달라질 수 있다는 사실을 꼭 명심하십시오.

　공인중개사에게 5,000만 원짜리 부동산 거래와 10억 원짜리 부동산 거래 중 어떤 것이 더 어려울까요? 결론은 둘 다 똑같이 어렵습니다. 오히려 신경이 더 쓰이는 것은 금액이 작은 거래입니다. 왜냐면 5,000만 원짜리 전세 임대를 계약하는 분들에게 5,000만 원은 전 재산이나 마찬가지다 보니 더 걱정되고, 많이 물어보게 되며, 챙겨주기를 원합니다. 혹시나 하는 마음에 이것저것 신경 써드려야 할 것이 많습니다. 그러고는 마지막에 중개보수도 깎아 달라고 합니다. 예를 들어 45만 원이면 30만 원에 해달라고 합니다. 보통은 그렇게 해드립니다. 이것이 공인중개사들의 마음입니다.

　반면 10억 원에 거래하시는 손님은 별로 신경 쓸 것도 없습니다. 애매한 부분은 본인이 더 공부해서 잘 압니다. 거래도 깔끔하고 중개보수도 많지만 깎아달라고 하지도 않습니다. 오히려 좋은 물건을 소개해줬다며 음료수에 간식까지 사와서 인사를 합니다. 여러분은 어떤 손님이 되고 싶습니까? 공인중개사를 내 편으로 만들어야 여러분들의 부동산 투자가 편하고 정보도 많이 얻을 수 있습니다. 공인중개사도 똑같은 사람이라는 것을 잊지 마시고, 내 편으로 만들기 바랍니다.

　토지 투자는 필요자금에 따라 소액이면 소액에 맞는 토지에 투자하면 됩니다. 내가 보유한 자금 중 토지에 투자할 자금을 먼저 책정하고 그것에 맞게 투자를 하면 됩니다.

그리고 만약 내가 이자를 감당할 능력이 된다면 대출까지 포함한 금액을 투자 금액으로 보면 됩니다. 다만 한 가지, 대출 투자 시에는 목표 기간이 중요합니다.

이자는 계속적이고 반복적이기 때문에 감당할 수 있는지 없는지 자신의 재무상황과 잘 연계해서 판단해야 합니다. 그리고 소액 투자는 몇백만 원에서 몇천만 원이라면 경매를 추천해드립니다. 경매 중에서도 지분경매를 추천합니다. 가장 빠른 시간에 현금을 만들 수 있는 방법입니다.

많은 분이 경매를 어려워합니다. 임차인이 있는 건축물 경매는 복잡하고 어려울 수 있지만, 토지 경매는 의외로 간단한 경우가 많습니다. 다만 이 땅의 가치를 평가할 수 있느냐로 승패가 갈립니다. 또한, 경·공매는 낙찰가의 80% 정도 경락자금 대출이 가능하다는 장점이 있습니다. 지분경매로 소액 투자 방법은 소액 투자 시뮬레이션, '5,000만 원 이하로 하는 토지 투자'에서 소개해드리겠습니다. 그리고 토지 대출에 관한 일반적인 생각과 투자 관점에서 생각하는 것은 다릅니다. 기본적으로 대출이자를 감당할 능력이 된다는 전제로 이야기해보겠습니다. 만약 이자를 감당할 수 없으면, 토지 투자뿐만 아니라 그 어떤 투자도 하시면 안 됩니다.

9 소액 토지 투자 예시

A라는 사람에게 여유자금 1억 원이 있습니다. 그래서 경매로 1억 원 짜리 땅을 낙찰받았습니다. 1억 원의 여유자금으로, 자금에 맞는 땅을 낙찰받았으니 대출받지 않아도 되겠습니다. 그 땅이 2년 후 30% 올라서 매각했습니다. 그렇다면 수익은 3,000만 원이 되겠네요.

B라는 사람도 똑같이 여유자금 1억 원이 있습니다. 경매로 1억 원짜리 땅을 낙찰받고 8,000만 원의 대출을 받았습니다. 순수하게 1억 원짜리 땅을 낙찰받는 데 2,000만 원이 들었습니다. 그다음은 8,000만 원짜리 땅을 낙찰받고 6,000만 원을 대출받았습니다. 또 6,000만 원 정도의 매물을 낙찰받고 4,000만 원을 대출받았습니다. 이런 식을 투자하니 1억 원으로 대략 5건의 토지에 투자할 수 있었습니다. 똑같이 건당 30%의 수익률로 가정해서 B의 총수익률을 한번 계산해보겠습니다.

1억 원 × 30% = 3,000만 원
8,000만 원 × 30% = 2,400만 원
6,000만 원 × 30% = 1,800만 원
4,000만 원 × 30% = 1,200만 원
3,000만 원 × 30% = 900만 원
총 9,300만 원(대출이자 별도 공제해야 함)

단순 계산이지만 대출을 활용해서 투자해야 하는 이유를 보여주는 단적인 예입니다. 양도소득세 측면에서도 이렇게 분산하면 누진세율 체계에서 절세 혜택을 볼 수 있습니다. 다만 대출이자를 감당할 능력이

전제되어야 한다는 것을 꼭 명심하셔야 합니다. 경매 법정에 가면 명함을 나눠주는 분들이 있습니다. 그분들은 지역 금융기관에서 나와서 명함을 드리는 분들이니 잘 받아놓으셨다가 대출받을 때 도움을 받으시면 좋습니다. 결국, 필요자금은 자신의 여건에 맞추면 되니까 너무 걱정하지 않으셔도 됩니다.

최소한 이 정도는
알고 투자하자

1 룰과 용어 정도는 알아야 한다

토지 투자를 하려면 먼저 생소한 토지 용어부터 익숙해져야 합니다. 평상시에 자주 듣거나 사용하지 않는 용어이다 보니, 보통 초보 투자자의 경우 용어에서 지레 겁을 먹는 경우도 많습니다. 하지만 전혀 그럴 필요 없습니다. 토지 투자에 필요한 용어는 그때그때 필요할 때 공부하면 됩니다. 필수적이고 기본적인 용어 정도만 미리 가볍게 알아두면 됩니다. 토지 용어는 토지이음 사이트의 '정보마당'에서 '용어사전'을 통해 기본적인 용어 공부가 가능하니 참고하세요.

출처 : 토지이음

토지는 모든 부동산의 기초가 되기 때문에 공부해놓으면 꼭 토지 투자가 아니더라도 일상생활에서 도움을 많이 받을 수 있습니다. 그러면 왜 최소한의 룰과 용어를 알아야 할까요?

첫째, 토지 시장은 규제가 많습니다. 우리나라에는 약 110여 개 법령에 400여 개의 지역과 지구, 구역에 따른 규제는 물론 세부적인 개별 규제도 수천 가지가 넘습니다. 이 모든 내용을 다 공부하고 숙지할 필요는 없지만, 핵심적인 내용 정도는 파악하고 있으면 토지 투자를 할 때 도움이 많이 됩니다. 핵심 내용만 파악하면 소액 토지 투자도 충분히 가능하기 때문입니다. 법령이 개정되면 종래에 가치 없던 토지도 금싸라기 토지로 변하는 만큼 관심 토지에 대한 소식을 꾸준히 체크할 필요가 있습니다.

둘째, 토지는 다른 모든 부동산의 기초가 됩니다. 아파트, 상가 등 모든 건축물은 토지 위에 건축됩니다. 그러므로 건축물의 용도별로 토지를 잘 활용할 수 있도록 토지를 바라보는 다양한 시각이 필요합니다. '최유효이용'이라는 원칙이 있는데, 말 그대로 그 토지 위에 어떤 건축물을 건축할 수 있는지에 따라 토지의 가치는 달라진다는 것입니다. 일반인 눈에는 보이지 않는 토지의 개발가치를 발굴할 줄 알아야만, 토지 투자에서 기본적으로 수익을 낼 수 있습니다.

셋째, 토지는 시세와 근본적 가치 평가를 하기 쉽지 않습니다. 아파트는 시세 정보를 비교적 쉽게 알 수 있지만, 토지는 이 정보를 알기가 쉽지 않습니다. 최근 사회적 쟁점이 되는 빌라 전세 사기 또한 정확한 시세를 알기 어렵다는 맹점을 노리고, 계획적으로 이루어진 경우가 많습니다. 토지도 마찬가지로 그 토지의 가격을 정확히 평가하기가 쉽지 않습니다. 토지의 가치를 정확히 알아야 높은 가치의 토지를 낮은 가격으로 매수해 투자 이익을 얻을 수 있습니다.

2 긍정적인 사람과 부정적인 사람

토지 투자는 기본적인 지식과 정보 그리고 타이밍, 이 3가지로 완성됩니다. 여러분들은 왜 토지 투자가 어렵다고 생각하세요? 그 이유는 아마도 토지의 시세는 판단하기 어렵기 때문일 것입니다.

앞서 빌라 전세 사기도 시세 판단이 어려운 점을 노려 계획적 사기를 친 경우라고 말씀드렸습니다. 토지 시장은 이전에도 워낙 사기가 많았기 때문에 일반인들에게는 당연히 두려운 투자 대상일 수밖에 없었습니다. 하지만 시장에 참가한 경쟁자의 관점에서는 아파트 분양권 시장보다 훨씬 경쟁자가 적은 시장입니다. 토지 투자로 성공하기 위해서는 돈 되는 땅을 볼 줄 아는 안목이 있어야 합니다. 그런 땅을 싸게 사는 방법을 알아야 하고, 마지막으로 그 땅을 비싸게 팔 줄 알아야 합니다.

이 3가지 중 토지 기본공부는 입지, 용도지역, 도로, 기본 건축지식, 개발계획 정보를 얻는 방법, 서류 찾는 법과 보는 법 등을 공부하면 됩니다. 싸게 사기 위해서는 현장에서 공인중개사와 유대관계 및 협상 방법을 익히고 연습해보는 방법이 있습니다. 경매와 공매 등을 통한 시세보다 싸게 사는 방법을 공부하고 실전에서 연습해보는 것도 좋습니다. 마지막으로 매수와 매도 타이밍을 잡는 방법과 양도소득세 절세를 통한 실수익 높이는 방법을 익히면 됩니다.

모든 투자에서 가장 중요한 것은 '지식'이 아니라 '심리'에서 승부가 난다는 점을 잊지 마십시오. 토지 투자에 부정적인 사람들의 심리는 '토지 투자는 어렵다. 장기적으로 해야 한다. 비용이 많이 든다. 시세를 알기 어렵다. 환금성이 떨어진다' 등 수없이 많은 부정적인 말로 토지 투자를 가로막습니다.

반면 토지 투자에 긍정적인 사람들의 심리는 '아파트보다 경쟁자가 적은 시장이다. 주택보다 상대적으로 대출 제한이 적어 레버리지 투자가 가능하다. 다주택은 규제가 많지만 다토지(?)는 규제가 없다. 소액 투자 가능한 토지도 많다. 개발과 건축을 활용하면 높은 수익과 세금 절세가 가능하다' 등 수없이 많은 긍정적인 요소를 찾아냅니다.

그리고 오늘도 여러분들이 주택, 아파트 시장에만 신경을 쓰고 있을 때 조용히 돈 될 땅을 찾아다니고 있다는 사실을 알고 계셔야 합니다. 그래서 자신만의 고정관념에서 벗어나시길 바랍니다. 적어도 이 책을 보고 나면, '나도 토지 투자 충분히 할 수 있겠네'라는 자신감이 생길 것입니다. 한번 기본기가 갖춰지고 나면 살을 조금씩 붙여서 토지 중수, 고수로 갈 수 있는 길이 생깁니다. 부동산 부자는 '땅 부자'라는 사실은 변하지 않는 진리입니다.

토지 투자로 꿈꾸는
제2의 인생

1 토지 투자로 파이어족이 가능할까?

파이어족이란 30대 말이나 40대 초반까지는 경제적 자유를 이루고 조기 은퇴한 사람들을 말합니다. 파이어족이 되는 방법은 여러 가지입니다. 원래 의미인 극단적인 절약과 저축으로만 이루기에는 그 과정이 고통스러울 수도 있습니다. 주식과 코인에 투자해서 파이어족이 된 분들이 얼마 전까지 언론이나 뉴스에 많이 나왔습니다. 하지만 그분들이 간과한 것이 있습니다. 바로 하락장을 겪어보지 않았다는 것입니다. 그래서 다시 직장으로 돌아간 분들이 생각보다 많다고 합니다. 그래서 부동산 재테크를 통해 안전한 현금 파이프라인을 만들고 자산을 증식시키는 방법이 가장 선호하는 방식으로 인식되고 있습니다.

물론 파이어족은 개인의 삶의 목표와 추구하는 질적인 목표에 따라 그 금액은 차이가 납니다. 어떤 분은 10억 원만 있어도 가능한데, 어떤 분은 100억 원이 있어도 불가능할 수 있습니다. 그래서 파이어족은 다

2억으로 1년에 10억 버는 토지 투자 기술
지금은 땅이 기회다

른 관점으로 본다면 총자산보다는 꾸준히 나오는 현금흐름이 더 중요한 요소일 수 있습니다. 자산 외에 매달 300만 원이나 500만 원이 평생 꾸준히 나온다면 웬만한 서민 입장에서는 충분히 파이어족 생활이 가능할 수 있으니까요. 부동산 투자에서 매월 꾸준한 현금흐름을 만드는 방법은 수익형 부동산으로 만드는 방법입니다.

대표적인 수익형 부동산으로 주거용 건물과 비주거용 건물로 나뉘어 있다고 알고 있는데, 토지도 가능하다는 사실 알고 계시나요? 주거용 수익형 건물로는 대표적으로 아파트, 다가구주택, 원룸 등이 있습니다. 아파트는 다들 잘 아시니 다가구주택에 대해 말씀드려보겠습니다. 다가구주택은 건축법상 단독주택입니다. 1층 필로티를 뺀 높이는 3개 층까지 가능하고 연면적 $660m^2$ 이하에 19가구까지 건축할 수 있습니다. 가령 19가구가 원룸형이고 보증금 500만 원에 월세 50만 원이라면, 보증금 총액이 9,500만 원이고 월세가 950만 원입니다(자료 참조).

삼성전자 평택공장 주변, 평택시 세교동의 주거지 가격은 $3.3m^2$당 300만 원에서 700만 원 정도입니다. 만약 $3.3m^2$당 500만 원에 150평 정도를 매입하면 세금을 포함해서 8억 원 정도 됩니다. 건축면적 200평에 $3.3m^2$당 건축단가를 500만 원 정도로 보면 10억 원 정도가 소요됩니다. 추가 비용과 세금을 다 포함해서 약 20억 원 정도가 듭니다. 쉽게 생각하면 20억 원이 있으면 매달 950만 원의 현금흐름이 창출될 수 있다는 의미입니다.

그런데 여기서 더 중요한 사항이 있습니다. 다가구주택은 건축법상 단독주택에 해당하기 때문에 기준시가 12억 원 이하의 1가구 1주택에

다가구주택 수익률 현황

대 지 496.00 ㎡ 150.04 평   **건축면적** 659.00 ㎡ 199.35 평
상가   1+1원룸   **투룸**   **계**   **주인세대**   **총**

층수	호수	형식	현황	보증금	월세	비고
2F	201호	원룸		5,000,000	500,000	
	202호	원룸		5,000,000	500,000	
	203호	원룸		5,000,000	500,000	
	204호	원룸		5,000,000	500,000	
	205호	원룸		5,000,000	500,000	
	206호	원룸		5,000,000	500,000	
	207호	원룸		5,000,000	500,000	
3F	301호	원룸		5,000,000	500,000	
	302호	원룸		5,000,000	500,000	
	303호	원룸		5,000,000	500,000	
	304호	원룸		5,000,000	500,000	
	305호	원룸		5,000,000	500,000	
	306호	원룸		5,000,000	500,000	
4F	401호	원룸		5,000,000	500,000	
	402호	원룸		5,000,000	500,000	
	403호	원룸		5,000,000	500,000	
	404호	원룸		5,000,000	500,000	
	405호	원룸		5,000,000	500,000	
	406호	원룸		5,000,000	500,000	관리비포함
				95,000,000	9,500,000	

	합계	보증금	월세 및 관리비
		95,000,000	9,500,000

매매예정금액	〉〉〉〉〉〉〉〉〉〉〉〉〉〉〉〉〉〉〉	→	2,000,000,000
임대보증금	→ 95,000,000	월임대료수입 →	9,500,000
	월임대료수입 * 12 = 연간임대료수입	→	114,000,000
대출예정금액	→ -	대출이자 (월) →	-
대출이율 (년)	→ 4.50%	대출이자 (년) →	-

월 수입 (대출이자차감)	〉〉 9,500,000	- -	→	9,500,000
연간수입 (대출이자차감)	〉〉 114,000,000	- -	→	114,000,000
투자금액 (현금 자부담)	매매금액 - 임대보증금 - 대출예정금액		→	1,905,000,000
투자대비 연간수익률	〉〉	투자금액 (현금 자부담) / 연간수입 (대출이자차감)	*100 →	5.98%

*대출이율은 예시이며 건축주의 신용도와 대출한도에 따라 변경될 수 있습니다.
*임대차 금액은 향후 임대차시세에 따라 증감될 수 있으며 현재시세 기준으로 작성됨.

다가구주택 수익률 현황

대 지	496.00 ㎡		150.04 평		건축면적 659.00 ㎡		199.35 평
상가			1+1원룸		투룸 계	주인세대	총

층수	호수	형식	현황	보증금	월세	비고
2F	201호	원룸		5,000,000	500,000	
	202호	원룸		5,000,000	500,000	
	203호	원룸		5,000,000	500,000	
	204호	원룸		5,000,000	500,000	
	205호	원룸		5,000,000	500,000	
	206호	원룸		5,000,000	500,000	
	207호	원룸		5,000,000	500,000	
3F	301호	원룸		5,000,000	500,000	
	302호	원룸		5,000,000	500,000	
	303호	원룸		5,000,000	500,000	
	304호	원룸		5,000,000	500,000	
	305호	원룸		5,000,000	500,000	
	306호	원룸		5,000,000	500,000	
4F	401호	원룸		5,000,000	500,000	
	402호	원룸		5,000,000	500,000	
	403호	원룸		5,000,000	500,000	
	404호	원룸		5,000,000	500,000	
	405호	원룸		5,000,000	500,000	
	406호	원룸		5,000,000	500,000	관리비포함
				95,000,000	9,500,000	
		합계		보증금	월세 및 관리비	
				95,000,000	9,500,000	

매매예정금액	>>>>>>>>>>>>>>>>>>>>>> →	2,000,000,000
임대보증금	→ 95,000,000	월임대료수입 → 9,500,000
	월임대료수입 * 12 = 연간임대료수입 →	114,000,000
대출예정금액	→ 1,000,000,000	대출이자 (월) → 3,750,000
대출이율 (년)	→ 4.50%	대출이자 (년) → 45,000,000

월 수입 (대출이자차감)	>>	9,500,000	–	3,750,000	→	5,750,000
연간수입 (대출이자차감)	>>	114,000,000	–	45,000,000	→	69,000,000
투자금액 (현금 자부담)		매매금액 – 임대보증금 – 대출예정금액			→	905,000,000
투자대비 연간수익률	>>	투자금액 (현금 자부담) / 연간수입 (대출이자차감)		*100	→	7.62%

+대출이율은 예시이며 건축주의 신용도와 대출한도에 따라 변경될 수 있습니다.
+임대차 금액은 향후 임대차시세에 따라 증감될 수 있으며 현재시세 기준으로 작성됨.

출처 : 저자 작성

서 창출되는 임대소득은 그 금액이 얼마가 되었든 비과세가 됩니다. 엄청난 혜택이 아닙니까? 합법적인 임대소득에 대한 비과세 혜택도 보면서 매월 950만 원의 현금흐름이 창출된다면 곧바로 파이어족으로 가는 것입니다.

만약 대출을 활용한다면 어떤 결과가 나올까요? 대출을 10억 원 받았다면 대출이자로 매년 4,500만 원(이자 4.5% 가정), 매월 400만 원 정도가 나갈 것입니다. 보증금으로 9,500만 원을 받았으니, 자기 자본은 9억 원 정도 있으면 매월 이자 공제 후 550만 원 정도 현금흐름이 창출됩니다. 공실률 10%를 잡아도 매월 500만 원의 현금흐름이 창출됩니다.

현장에서 일반인들이 토지 개발을 할 때 가장 많이 사용하는 방법입니다. 대규모 공장이나 산업단지가 들어오는 곳, 주변의 토지를 가능한 한 일찍 쌀 때 사놓습니다. 그러고는 본격적으로 공장 건립을 위해 노동자들이 들어올 때 건축해서 임대수익을 받다가 최고점일 때 매매 차익까지 챙기며 수익을 실현하는 최고의 방법입니다.

주거용 건물로 파이어족으로 가는 대표적인 방법인데 실상은 토지를 사서 건축행위를 통해 수익을 보는 방법이니 복합적 방법이라고 할 수 있겠습니다. 중요한 포인트는 땅을 얼마나 싸게 사느냐입니다. 개발지역 땅값 상승 사이클만 안다면, 초기에 큰 비용을 안 들이고 살 수 있습니다.

이번에는 비주거용 건물인데요. 대표적인 부동산이 오피스텔과 상가입니다. 기존에 분양받거나, 기존 건물을 매입한 경우를 말씀드리는 것입니다. 이 부분은 다들 잘 알고 계실 테니, 따로 부연 설명은 하지 않겠습니다.

저는 토지를 이용한 비주거용 건물로 임대수익 및 매매 차익을 보는 방법을 알려드리겠습니다. 보통 신도시의 형성 과정을 보면 초창기 기반시설 설치 후에, 겉으로 보기에 일정 기간은 건축행위를 하지 않고, 가만히 있는 것처럼 보이는 시기가 있습니다. 그 이유는 행정절차가 진행되고 있으므로, 아무 행위를 못 하기 때문입니다. 이때가 기회입니다. 이 기간이 길어질수록 투자를 위해서 미리 매입한 사람들은 대출이자 부담으로 몇 년 전 본인이 산 원가에 땅을 팔기도 합니다. 이런 땅을 잘 매입하면 괜찮은 위치에 합리적인 금액으로 매입할 수 있습니다.

이 땅을 매입한 후에는 건축이 가능한 시점이 오면 제일 먼저 건축을 하십시오. 보통 신도시 초기에는 꼭 들어와야 할 필수 업종들이 있습니다. 대표적으로 아파트 건설 현장의 근로자가 식사할 수 있는 함바식당이 필요합니다. 편의점도 필요하고, 소주 한잔할 수 있는 술집도 있어야 합니다. 허허벌판에 있어도 찾아옵니다. 바로 이점에 주목해서 가장 건축비가 싼 경량철골로 단층으로 건물을 지어서 임대하면 됩니다. 아예 처음부터 인근 중개사무소에 건축 설계상태에서 임차인이 원하는 모양으로 건축해주겠다고 하면 임차인의 보증금으로 건축할 수 있습니다. 통상 경량철골조의 단층 상가건물의 경우 $3.3m^2$당 200만 원 정도면 되고, 50평 정도 건축하는 데 1억 원 정도가 듭니다. 그 건축비를 임차인의 보증금으로 충당하면 건축비가 들지 않는 것이지요. 월세는 토지 대출이자 충당과 임대수익으로 챙기면 됩니다. 그리고 가만히 5년만 기다려 보십시오.

단층 경량철골구조의 건물

단층 경량철골구조

출처 : 저자 작성

이 땅에 제대로 된 몇 층짜리 건물을 지을 수요자들이 땅을 사러 옵니다. 정확히 이야기하면 단층 상가건물을 사러 오는 것이지요. 통상 땅값은 2배~5배 사이로 올라가 있을 것이고, 거기에 건축했으니 비사업용 토지가 아니라 사업용 토지가 되었습니다. 그래서 양도소득세가 땅으로 팔았을 때보다 더 적게 나옵니다. 절세효과도 생겼고요.

5년간 임대수익이 꾸준히 생겼는데 매매 차익도 몇 배나 나고 일거양득(一擧兩得)입니다.

만약 이곳이 산업단지 인근이었다면 상가건물이 아니라 단층 창고를 지어 임대하면 됩니다. 짓는 건물만 다른 것이지 수익 창출 구조는 동일하게 가져가는 것입니다. 이런 방법이 바로 토지 투자지만, 한 단계 더 나아가 건축을 활용해서 임대수익과 차익을 가져가는 방식입니다.

여기서 한 발짝 더 나아간다면 이런 신도시 주변 토지를 일찍 몇 개를 시차를 두고 사둡니다. 그러다가 정말 위치가 좋은 땅은 나중에 매각하지 않고 진짜 제대로 된 건물을 건축하는 것입니다. 다른 투자 금액을 회수한 금액으로, 말 그대로 꼬마빌딩 건축주가 되는 것이지요. 그리고 그 건물을 잘 운영하면 됩니다. 진정한 파이어족의 완성이 되는 것입니다.

토지를 매입해 건축하는 방법은 기존의 건물을 분양받거나 사들였을 때와 어떤 차이가 있을까요? 바로 원가에서 차이가 납니다. 분양이나 기존 건물 매입은 기존 업자의 마진이 최소 30% 정도는 포함되어 있습니다. 10억 원 건물이라면 3억 원은 토지와 건물의 마진이라는 의미입니다.

그러면 이런 이야기하실 분이 계실 것입니다. '나는 건축에 건짜도 모른다, 업자에게 뒤통수 맞는 것은 아닐까? 건축하면 10년은 늙는다'라고 말입니다.

여러분들 이런 일이 생기는 원인은 의외로 간단합니다. 바로 제대로 된 건축비를 안 주고 깎으려고 하기 때문입니다. 건축하는 건설회사도 정당한 노력에 대한 대가를 받는 것이 시장의 이치인데, 건축주들은 무조건 깎으려고 합니다. 그러면 결국 본인들의 마진을 위해 추가금을 나중에 요구하거나 자재 변경 등을 통해 이윤을 남길 수밖에 없습니다.

그러니 제대로 된 건설회사에 건축비용을 제대로 주면 뒤통수 맞을 일도 없고, 고생할 일도 없습니다. 통상 종합건설회사의 건축이윤은 건축비용의 10% 내외이니 그 정도는 주는 것이 맞습니다.

마지막으로 토지 자체로 파이어족의 꿈을 실현할 방법도 있습니다. 그 방법은 바로 농지연금제도입니다. 결국, 파이어족의 꿈을 이루기 위해서는 본인에게 맞는 투자의 형태와 패턴 그리고 위험에 대비한 분산 투자가 필요합니다. 부동산 투자로만 그 꿈을 이룬다면 더할 나위 없이 좋겠지만, 현실적으로 가장 좋은 방법은 본인의 소득과 금융상품과 부동산 등 다양한 분산 투자로 포트폴리오를 구성하는 것이 가장 이상적입니다.

2 토지로 연금 받는 상품이 있다?

사람들이 투자하는 이유는 돈을 벌기 위해서입니다. 즉, 내가 투자한 원금보다 더 많은 차익을 얻기 위한 차익 투자가 주목적이지요. 하지만 부동산 투자에서는 꼭 차익을 받는 방식뿐만 아니라 나중에 매도할 때 일시금으로 확정되는 매매 차익과 보유 기간 꾸준한 임대수익으로 받는 투자의 형태도 많습니다. 그런 부동산을 '수익형 부동산'이라고 합니다.

대표적으로 상가 투자가 있습니다. 아파트나 빌라 등 주거형 부동산도 여기에 해당합니다. 대부분 건축물이 있어서 그 공간을 임대하고, 비용을 받는 형식입니다. 수익형 건물의 가장 이상적인 투자는 보유 기간 안정적인 임대료를 받다가 매도할 때 매매 차익까지 볼 수 있는 경우입니다.

그렇다면 건축물이 없는 토지도 임대료를 받을 수 있을까요? 물론 받을 수 있습니다. 하지만 토지를 임대하는 경우는 그 지상에 건축물을 사용하기 위한 임대가 대부분입니다. 예를 들어 모델하우스 임대가 대표적입니다. 하지만 일반인들에게 토지를 임대하는 것은 절대 추천하지 않습니다. 내 땅이라고 하더라도 빌려주고 임차인의 돈으로 그 땅 위에 건물을 지으면 지상권이라는 것이 성립합니다. 임대차 기간이 만료되어도 함부로 철거하거나 처분하지 못하는 상황이 옵니다.

심지어 계약서에 특약으로 '임대차 기간 후 철거하지 않으면 임대인이 임의로 철거한다'라는 특약을 넣어도 소송으로 법원에 가면 임차인 손을 들어줍니다. 임차인 돈으로 지었기 때문입니다.

실제로 토지 투자 초기시절 내 땅에 지역주택조합 아파트 모델하우스 임대했다가 분양모집 실패로 임대료도 받지 못하고 철거도 하지 못한 적이 있습니다. 소송으로 가서 3년 만에 철거가 되었는데, 철거 후 남은 건축자재는 공매 처분으로 약 800만 원 정도 건질 수 있었습니다. 그런데 그동안 못 받은 임차료와 밀린 전기요금, 수도요금 등 공과금이 3,000만 원이었고, 정신적 고통까지 받았던 경험이 있습니다. 그 후 저는 절대 토지는 임대로 주면 안 된다는 것을 알았습니다.

여기까지는 토지를 수익형 부동산으로 보고 임대를 말씀드린 것입니다. 많은 사람이 경제적 자유를 위해 지금도 열심히 일하고 짬짬이 부업도 하며 바쁘게 살아갑니다. 또 투자도 해가면서 말입니다. 물론 젊을 때는 젊어서 가능하지만, 정작 나이가 들었을 때는 어떻게 하나요? 지금 이렇게 열심히 사는 것 또한 나이가 들어 경제적인 능력이 줄어들었을 때도 안정적인 생활을 하기 위해서입니다.

지금부터 말씀드릴 내용은 토지를 담보로 연금을 받는 투자에 관한 내용입니다. 토지의 경우 투자하면, 일반적으로 차익 투자로만 생각하는데 모든 투자는 금액과 기간 그리고 목적에 따라 분산 투자를 하는 것이 정석입니다. 여러분들에게 매달 300만 원씩 죽을 때까지 연금이 나온다면, 좀 다른 인생을 살아갈 수 있지 않을까요? 더군다나 배우자도 월 300만 원씩 나온다면 어떻습니까? 한 가정에서 월 600만 원의 안정적인 연금을 받는 방법이 있는데, 바로 농지연금제도를 활용하는 방법입니다.

우리나라 공무원들은 공무원연금, 군인은 군인연금, 교사는 사학연금, 근로소득자는 퇴직연금, 그 외 일반 국민은 국민연금 등의 공적 연금이 있습니다.

그에 반해 농업인들은 자산 대부분이 보유한 농지인 경우가 대부분이다 보니 노후가 불안할 수밖에 없습니다. 그래서 한국농어촌공사에서 농지연금제도를 운영해서 농가 안정성에 이바지하고, 농민의 노후도 안정화하려는 것입니다.

그런데 이 책을 보시는 분 중에 이런 생각을 하시는 분들 있을 것입니다. '나는 농민도 농업인도 아닌데 농지연금이 나랑 상관있나?' 하고 말입니다. 물론 보는 관점에 따라 차이는 있겠지만, 제도는 어떻게 활용하느냐에 따라 상관있을 수도 있고, 없을 수도 있습니다. 우선 농지연금을 간단히 알아보겠습니다.

3 농지연금이란?

농지연금은 경작 중인 농지를 담보로 매월 일정액을 받는 상품입니다. 연금을 받으면서 계속 농사를 지을 수도 있고요. 일부에서는 싼값에 농지를 빼앗는 것이라는 말도 있지만, 그것은 오해입니다. 농지연금은 정부가 노후에 접어든 농업인의 소득 안정을 위해 만든 상품입니다.

받은 연금과 이자를 돌려주면 계약 해지도 가능합니다. 최근에는 기존 신청자들 입소문을 통해 해마다 알음알음 가입자가 늘고 있습니다. 너무 많아진다면 정부에서도 주는 혜택을 줄일 수도 있으니 관심 있는 분들은 미리 준비하시는 것이 좋겠습니다.

● **가입 조건** : 만 60세 이상, 영농경력 5년 이상

● **대상 농지**

- 농지법상의 농지 중 지목이 전·답·과수원으로서 농업인이 소유하고 있고 현재 실제 영농에 이용되고 있는 농지
- 농업인이 2년 이상 보유한 농지(경매/공매 낙찰 후 포함)
- 농업인의 주민등록상 주소지와 담보 농지가 소재하는 시·군·구 및 그와 연접한 시·군·구 내에 두거나, 주소지와 담보 농지까지의 직선거리가 30km 이내의 지역에 있는 농지

● **지급 방식**

- 종신정액형(사망 시까지 매월 고정금액 지급방식)
- 기간형(정해진 기간 매월 고정액 지급 : 5, 10, 15년형)
- 전후후박형(가입 초기 10년 동안 더 많은 금액 지급, 초기에 많은 자금이 필요한 분에게 적합하며 나중에는 금액이 적어짐)
- 수시인출형(한도액의 30%까지 일시금으로 중도 인출 가능)
- 경영이양형(지급 기간 만료 후 담보 농지를 농어촌공사에 매도할 것을 약정하고 일반형보다 최고 27% 정도 더 많은 연금을 수령 할 방법)
- 월 지급금 : 상한액 300만 원/월

  부부가 각각 수령 가능(최고 600만 원까지 수령 가능)

- 농지연금 기초담보 금액 : 개별 공시지가 100% 또는 감정평가 90% (둘 중 선택)
- 연금 해지 : 언제든지 채무상환(월 지급금 총액 + 이자율 2.0% + 위험부 담금 0.5%) 후 약정 해지 가능

  채무 미상환 시 담보 농지 임의경매 실행 → 담보농지 처분금액 으로 연금 채무를 회수하고 잔여금액은 가입자(또는 상속인)에게 상환
- 지원 방법 : 농지은행 홈페이지에서 상담 신청서 작성하면 연락 이 옵니다.

  전화 상담을 통해 제출 서류 확인받고 서류 접수 후 심사 및 승 인받아 지사 방문 후 계약 체결하면 됩니다.

4 농지연금 Q&A

농지연금이란 농업인이 소유하고 있는 농지를 담보로 매월 노후 생 활 안정자금을 연금 형식으로 지급받는 일종의 역모기지 상품입니다.

Q 가입대상은?

A 2023년 기준 1963년 12월 23일 이전 출생자(60세 이상)로 영농경력 이 5년 이상인 농업인이며 국민연금과 개인연금 등 공적·사적 연금 을 받고 있더라도 농지연금은 역모기지 상품이기 때문에 가입할 수 있습니다. 다만, 농지에 압류 근저당 등의 제한 물권이 설정되면 안 됩니다.

Q 수령 개시 후 농사 가능 여부?

A 연금을 받으면서 계속 농사를 지을 수도 있고, 대상 농지를 농지은행 등을 통해 임대할 수도 있습니다.

Q 연금 지급방식은?

A 사망 시까지 지급받는 '종신형'과 일정 기간만 지급받는 '기간형(5년/10년/15년)' 중에서 가입자가 선택할 수 있습니다.

가입신청은 가입을 희망하는 분의 주소지 관할 한국농어촌공사 지사(☎1577-7770)로 신청 가능합니다.

Q 농지연금 월 지급금 결정 기준은?

A 농지연금 월 지급금은 가입 연령과 담보농지 평가가격에 따라서 결정됩니다. 농지은행 사이트에 들어가면 모의계산을 해볼 수 있습니다.

Q 도시지역 내 주거·상업·공업지역의 농지도 농지연금 가입이 가능한가?

A 주거·상업·공업지역 내 농지라도 농지연금 가입 가능합니다. 다만, 해당 농지가 농지연금 신청 당시 각종 개발지역이나 개발구역으로 지정되었거나 시행인가 고시가 완료되어 개발계획 등이 확정된 지역 내의 농지는 농지연금 가입이 제한됩니다.

※ 가입 연령이 높을수록, 담보농지 평가가격이 클수록 월 지급금이
많아집니다.

사례 종신형 기준, 농지연금 월 지급금(2023년 5월 기준)

농지가격 5억 원(공시가 기준)

예상 농지연금 조회 결과 ⓘ 도움말

구분	종신형 ⓘ			구분	기간형 ⓘ			
	종신정액형	전후후박형 (70%)	수시인출형 (30%)		기간정액형		경영이양형	
월지급금	1,693,950 (저소득층:1,863,340) (장기영농인:1,778,640)	2,055,550(전) 1,438,880(후)	1,196,290 (수시인출 금:122,000,000)	월지급금	5년	만78세 이상 가능	5년	3,000,000
					10년	만73세 이상 가능	10년	3,000,000
					15년	만68세 이상 가능	15년	3,000,000
					20년	만63세 이상 가능	-	

농지연금신청 >

사례 종신형 기준, 농지연금 월 지급금(2003년 5월 기준)

농지가격 8억 9,000만 원(공시가 기준)

예상 농지연금 조회 결과 ⓘ 도움말

구분	종신형 ⓘ			구분	기간형 ⓘ			
	종신정액형	전후후박형 (70%)	수시인출형 (30%)		기간정액형		경영이양형	
					5년	만78세 이상 가능	5년	3,000,000
월지급금	3,000,000 (저소득층:3,000,000) (장기영농인:3,000,000)	3,000,000(전) 3,000,000(후)	2,118,640 (수시인출 금:217,000,000)	월지급금	10년	만73세 이상 가능	10년	3,000,000
					15년	만68세 이상 가능	15년	3,000,000
					20년	만63세 이상 가능	-	

농지연금신청 >

출처 : 농지은행 농지연금

⭕ 농지연금

▶ 가입 연령 완화 – 만 60세 이상(애초는 만 65세 이상이었던 제도가 2020년 2월 18일부터 만 60세로 변경)

▶ 농지연금 기준 가액 – 농지의 공시지가의 100% 또는 감정평가 액의 90%

▶ 매월 15일에 생활비 지급 – 지급일이 공휴일이면 전날 지급

▶ 농지연금 가입한 농지는 자경하지 않아도 됨. –한국농어촌공사 의 농지은행을 통해 임대위탁 가능 – 개인 간 임대차의 조건이 된다면 개인 간 임대차도 가능

▶ 개인당 한도 매월 300만 원 – 가입하는 농지의 필지 제한은 없음. / 개인당 한도만 존재 – 두 분이면 합쳐서 매월 600만 원 수령 가능

- ▶ 땅값이 오르면 정산 후 수령 - 부족하면 차액은 청구하지 않음. – 90% 이상은 땅값이 오르게 되어 있고 차액은 발생

- ▶ 재산세 감면 - 공시지가 6억 원까지 재산세 내지 않음. - 보유하는 데 부담 없음.

  중복 수령 가능 - 공무원연금이나 국민연금을 받고 있어도 농지연금 수령 가능 - 농지연금은 역모기지론으로 일종의 대출상품

- ▶ 기초연금 수령 가능 - 농지연금은 대출상품이라 기초연금과 상관관계가 낮음.

- ▶ 자경으로 부가가치 창출 - 농지연금 가입한 농지는 자경해도 됨 - 추가적인 부수입 발생

출처 : 농지은행 농지연금

5 요즘 토지 투자 트렌드는?

아파트의 경우는 투자 트렌드가 있습니다. 전세보증금이 높은 경우는 갭 투자가 트렌드가 될 수 있습니다. 서울의 한강변 아파트 층수 제한이 완화되면 재건축·재개발이 트렌드가 될 수 있습니다. 또 규제가 심해지면 비규제지역으로 투기수요가 옮겨 갈수도 있습니다.

토지 투자에서도 과연 이런 트렌드가 있을까요? 정확하게 이야기하면 토지 투자는 시대에 따라 달라지는 트렌드가 있는 것이 아니라 철저히 정해진 법칙에 따라서 움직이는 투자입니다. 그래서 한번 그 법칙을 이해하고 습득한 뒤에는 전국 어디에서 투자해도 수익을 낼 수 있습니다. 결국, 진정한 실력으로 돈을 버는 시장이 바로 토지 투자 시장입니다.

최근 토지 시장의 트렌드를 찾으라고 한다면 3가지 정도를 이야기드릴 수 있습니다.

첫째, 경매 정보의 오픈으로 많은 일반인이 경·공매를 통해 싸게 매입하는 트렌드입니다. 예전에는 경·공매라고 하면 일반인들은 우선 겁부터 먹었습니다. 잘못하면 입찰금을 날리거나 시세보다 더 주고 살 수도 있다는 막연한 두려움을 가지고 있었습니다. 그런데 최근 유튜브나 온라인 유료 강의 등의 영향으로 개인들이 경·공매를 공부하고 이 시장으로 뛰어드는 분들이 급속히 늘어나고 있습니다. 정보의 오픈이 많은 영향을 미쳤고, 유료 경매 사이트의 양질 정보제공 등으로 일반인들의 접근이 쉬워졌습니다. 저는 개인적으로 아주 바람직한 현상이라고 봅니다. 경·공매의 순기능으로 악성 채권 채무 문제를 순기능으로 바꿔주고, 쌍방이 다 새로운 기회를 가질 수 있으니까요.

둘째, 소액 지분경매 투자입니다. 지분경매란 부동산의 공동명의 또는 상속 등으로 하나의 부동산에 여러 명의 공유자가 존재할 때, 지분권자 중 한 명의 채무로 인해 지분이 경매로 나온 것을 의미합니다.

서울이나 수도권의 경우 땅값 자체가 워낙 비싸기 때문에 소액으로 투자하는 분들이 이 지분경매를 통해 투자합니다. 수익구조는 이렇습니다. 지분경매로 나온 지분을 싸게 낙찰받은 후 다른 공유자에게 매도해 시세차익을 얻거나 협상이 되지 않으면 간단한 전자소송을 통해 매각된 금액에서 보유 지분만큼 배당을 받는 방법입니다. 사실 우리나라 인구의 절반이 서울과 수도권에 몰려 있습니다. 아파트 투자도 그렇고, 토지 역시 이쪽 지역에 투자하는 것이 수요와 수익률 측면에서 당연히 낫습니다. 하지만 토지의 특성상 개인이 투자하기에는 $3.3m^2$당 금액이 너무 큽니다. 이미 서울이나 수도권의 도시지역 내 토지는 투자하기 위해서는 10억 원으로도 투자하기 힘들 정도로 비쌉니다. 그렇다고 비도시지역 외곽의 토지를 덜컥 투자할 수도 없습니다. 따라서 개발 호재가 있는 수도권 지역의 자연녹지지역이나, 계획관리지역의 지분으로 나온 경매가 투자 대상이 되는 것입니다. 지분이기 때문에 기본적으로 유찰횟수가 많아 저렴하게 살 수 있고, 공유자에게 매도하거나 설령 협의가 되지 않아 공유물분할 소송으로 가더라도 1년~2년 내 처분되어 수익을 볼 확률이 높은 방법입니다. 요즘 소액으로 토지 투자를 하는 분들 사이에 트렌드로 자리 잡고 있습니다. 사례를 통한 더 자세한 방법은 투자 시뮬레이션에서 자세히 다루겠습니다.

셋째, 법인 투자입니다. 부동산 투자에서 법인은 여러 가지 형태가 있습니다. 토지 매매를 전문으로 하는 부동산 매매 법인도 있고, 토지를 사서 건축물은 지어 파는 주택신축매매업이라는 형태도 있는데 통칭해서 법인 투자라고 하겠습니다. 불과 몇 년 전 아파트 투자 광풍으로 법인이 주택을 취득할 때 취득세를 무려 13.4%(지방소득세 포함)로 중과하는 규제를 정부가 실시했습니다.

부동산 시장 침체기인 현재는 다주택자 취득세 중과 완화로 6%로 인하(국회 법안 통과 시) 예정이지만, 그래도 여전히 높습니다. 물론 주택에만 해당하는 내용이고요. 토지에는 적용되지 않습니다.

그러면 법인으로 토지 투자를 했을 때, 어떤 장점이 있을까요?

첫째, 법인은 양도소득세가 없습니다. 법인세라는 개념이 있는데, 이는 당해연도 그 법인의 모든 수익을 정산한 후 세금을 내는 방식입니다. 양도소득세율보다는 낮은 세율을 적용받기 때문에 유리합니다. 단기매매에 대한 중과세의 개념도 없습니다.

둘째, 원형지의 토지를 사서 개발행위허가를 통한 지목변경이나 용도변경 건축 등을 통한 단기매매 시 해당 토지를 취득할 때 납부한 취득세나 중개보수 각종 허가비용 토목비용 등을 경비로 처리할 수 있습니다. 즉, 토지 단기 투자를 하기 위해서는 반드시 법인으로 투자를 해야만, 각종 비용 등의 공제로 세금을 줄일 수 있습니다. 단기 매도 플랜이 가능하다는 것입니다.

토지 투자의 꽃이라고 하는 토지 개발은 토지를 토지 그대로 보는 것이 아니라 미래가치를 현실화시켜서 개발차익을 같이 보는 토지 투자의 방식입니다. 여러분들도 토지 초급을 넘어 중급으로 가게 되면, 자연스럽게 관심을 가질 수밖에 없습니다. 결국은 토지 개발로 돈을 버는 방법을 꿈꾸고 현실로 만들 것입니다.

토지 시장은 그들만의 리그로 돌아가는 특성이 있습니다. 아파트 시장과는 좀 다릅니다. 웬만해서는 그들의 노하우를 잘 오픈하지 않는 폐쇄적 경향이 있습니다. 그만큼 돈이 되는 시장이라는 방증이기도 합니다. 여러분들도 궁극적으로 토지 투자 공부한 후에는 부가가치가 높고 진입장벽이 높은 토지 실전 투자 시장으로 진입하셔서 블루오션 시장을 선점하시길 바랍니다.

PART
02

토지 투자를
위한 준비

땅은 모든 부동산의
근원이다

1 땅값은 무엇으로 결정되나?

여러분들은 땅값을 결정하는 요인이 무엇이라고 생각하나요? 원칙적인 관점에서 땅값은 수요와 공급이 결정합니다. 공급은 한정적인데 수요가 늘어나면 당연히 가격은 상승할 것이고 수요가 늘어난다는 것은 그 지역에 인구가 증가한다는 의미입니다. 인구증가의 요인은 일자리가 늘어나거나 교통망이 개선된다는 뜻하기도 합니다. 그러면 자연스럽게 아파트를 지을 수 있는 토지도 필요하고 상가를 지을 토지도 필요하겠지요. 그렇게 토지의 수요가 늘어나면서 자연스럽게 토지가격이 상승합니다.

모든 부동산 투자가 그렇듯이 토지 투자도 타이밍이 중요합니다. 살 타이밍과 팔 타이밍이 중요한데, 이 타이밍을 보는 방법은 선행지표와 현재 일어나고 있는 현상들을 보고 판단할 수 있습니다. 대표적으로 부동산 시장의 사이클을 보며 지금 현재 상황이 어떤 상황인지 판단할 수 있습니다.

큰 틀에서 부동산 시장의 사이클은 부동산 가격상승 후 과열 → 정부 규제 시작 → 수요공급 불균형 → 추가 가격상승 → 추가 규제카드 → 투심 위축을 동반한 거래량 감소 → 급매물출현 및 가격하락 시작 → 매도물량증가 및 급매물 거래로 인한 반짝 거래량 증가 → 약보합 후 2차 가격하락 → 약보합 후 3차 가격하락 → 부동산 침체로 인한 정부의 규제완화 시작 → 부동산 거래 활성화 시작 → 부동산 거래량 증가 → 부동산 가격상승 → 부동산 시장 과열 → 부동산 가격상승 후 과열, 이렇게 한 사이클이 완성됩니다.

여러분들은 이 사이클을 보고 현재 상황은 어디쯤 와 있는지 판단해 보고 부동산 투자는 결정하면 됩니다. 다만 이 사이클은 부동산의 사이클이지 땅값의 사이클은 아닙니다. 땅값도 큰 사이클에서는 부동산 사이클 내에서 투자하는 것이 맞습니다. 그래서 토지 투자를 할 때도 부동산 사이클을 보면서 투자해야 성공할 확률이 높아집니다.

부동산 시장 사이클은 대체로 이 사이클대로 반복적으로 움직입니다. 다만 앞의 사이클에서 변수는 '금리'와 '경기상황'입니다. 물론 정부의 부동산 정책도 큰 영향을 미칩니다. 이 사이클에서는 어느 구간에서 변수에 생기느냐에 따라 차이는 있겠지만, 통상적으로 부동산 사이클은 10년을 주기로 생각합니다.

만약 상승기에 금리 인상이 있으면 상승의 힘이 강력하면 금리 인상을 뚫고 더 상승할 수도 있지만, 정부의 규제가 계속 나오고 있는 상황에서 금리 인상이 있으면 반대로 고점의 징후로 볼 수 있습니다. 그래서 부동산 사이클은 큰 사이클에서 금리와 경기라는 변수를 통해 타이밍을 잡아야 합니다. 정부의 규제와 금리 인상이 만나는 시점이 온다면 매도 타이밍이 도래했다고 생각하고 처분을 고려해야 합니다.

그 반대로 정부의 규제 완화와 금리가 상승 후 보합에서 하락으로 가는 시점이면 매수를 고려해봐야 할 시점입니다.

2023년 5월 기준, 정부의 규제는 일부 완화되었지만, 미국의 금리가 추가로 인상될 가능성이 존재합니다. 설령 인상되지 않더라도 당분간 보합으로 갈 확률이 높으므로 매수 시기는 아니라는 것이 제 개인적인 판단입니다.

2 토지 상승 5단계 사이클

그렇다면 부동산 사이클과 달리 토지의 사이클은 어떨까요? 토지는 특이하게도 개발 호재지역의 상승에 관한 일정한 패턴이 있습니다. 바로 토지의 가격상승 주기에 일정한 사이클이 있습니다. 저는 일련의 토지 상승주기를 '토지 상승 5단계 사이클'이라고 이름을 붙여 봤는데 신도시 하나가 만들어지면서 일련의 땅값의 움직임은 놀랄 만큼 동일한 패턴을 나타낸다는 법칙입니다. 이 사이클만 제대로 이해한다면 토지 투자로 돈 버는 것은 생각보다 쉬워집니다.

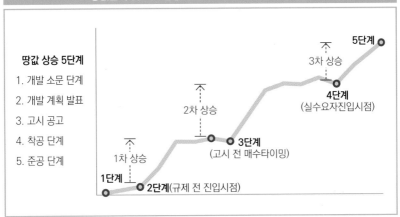

땅값 상승 5단계

1. 개발 소문 단계
2. 개발 계획 발표
3. 고시 공고
4. 착공 단계
5. 준공 단계

5단계

3차 상승

4단계
(실수요자진입시점)

2차 상승

3단계
(고시 전 매수타이밍)

1차 상승

1단계

2단계(규제 전 진입시점)

출처 : 저자 작성

어쩌면 토지 투자는 모방 투자를 통한 수익 창출의 기회가 정해져 있는 투자인지도 모릅니다. 이미 비슷한 규모와 인구유입 요인을 갖춘 다른 도시의 토지가격 사이클을 분석해보면 현재 내가 투자할 곳의 가격 상승 사이클이 눈에 보일 것입니다. 그 사이클을 잘 맞춘다면 토지 투자에서 절대 실패하는 일은 없습니다.

1단계

첫 번째 개발 소문이 돌기 시작하고 개발정보가 새는 단계입니다. 사실 이 단계에서는 소문만으로 땅값이 서서히 올라갑니다. 이미 내부정보를 취득한 사람들이 조용히 현장을 다니며 "그냥 농사지으려고 하는데 싼 땅 없나요?"라고 하면서 조용히 삽니다.

일반인들은 소문의 진원지가 확실한 고급정보가 아니면 투자하기 어려운 시기입니다. 보통 개발 사업이 진행되기 위해서는 정부와 행정관청 내부의 계획이 외부로 구체적으로 표시되는 시점이 있습니다. 관청에서 외부업체로 용역 공고를 통해 사업용역이나 설계 용역 등을 발주하는데, 이 과정에서 어쩔 수 없이 정보가 유출됩니다. 공무원 중 정보를 접한 사람들과 용역업체의 직원들 등 여러 경로를 통해 정보가 퍼져나갑니다. 중요한 것은 역정보나 헛소문도 많기 때문에 이를 역으로 이용하는 사람들의 꾐에 빠질 수도 있으니 정보의 진위가 정확하지 않으면 조심해야 합니다. 만약 정보의 진의가 맞다면 이 시기에 땅을 사면 대박입니다. 특히 토지거래허가구역 등의 규제로 묶이기 전에 매입할 수 있는 시점이기에 정보가 확실하다고 판단되면 시간과 싸움입니다. 발 빠르게 토지 매입을 하고 잔금일도 최대한 당겨서 잔금을 치러야 합니다.

2단계

개발정보 발표 단계입니다. 신문이나 언론에 개발계획이 발표됩니다. 일단 대규모 국책사업이면 나중에 성사 여부를 떠나 당장은 그 상승 폭이 클 것이고 너도나도 수혜지역을 찾아 나섭니다. 만약 여러분들이 이때 발표가 나서 바로 움직이면 땅 투자로 대박을 맞을 확률이 높습니다. 일반인들은 이런 뉴스를 접하고도 쉽게 실행해 옮기지 못하니까요. 1억 원이 5억 원 되고, 5억 원에서 10억 원이 되는 것은 순식간일 수 있는 시기가 바로 이 시기입니다.

다만 조심해야 할 점은 내가 가지고 있는 돈에 땅을 맞추는 우를 범해서는 안 됩니다. 수혜지역을 잘 판단해서 투자해야 하며 수용될 땅보다는 수용될 땅 바깥이 될 지역을 사야 큰돈을 벌 수 있습니다. 이 시기의 특징은 기획 부동산 회사들이 이 지역의 땅을 홍보하고 팔기 시작합니다. 현지에는 부동산 중개사무소 숫자가 늘어나면서 기존 땅 주인들은 땅값을 2~3배 부르기 시작합니다. 그래도 그렇게 2~3배 오른 가격에 사도 앞으로 상승 여력이 많습니다. 상황에 따라서 10배 이상 수직 상승하는 예도 있습니다. 계속 보도되는 언론이나 뉴스의 영향으로 뒤늦게 들어온 외지 투자자들은 그 가격에도 삽니다. 하지만 이때 단기 투자를 생각한 고수들은 단기 급등을 틈타 1차로 수익실현을 할 수 있는 구간입니다.

특히 개발 사업 발표 후 착착 진행되던 절차가 토지 주인들의 보상가 책정 반발로 인한 시간 지체나 예산책정의 지연 및 환경영향평가 등의 각 부처 협의 사항의 지연 등으로 투자 열기가 식을 수도 있습니다.

또한, 정권교체 등 정치적인 이유로 사업 자체가 난항을 겪거나 지지부진해지는 예도 있습니다. 따라서 정치적으로 너무 민감한 국책사업은 투자에 신중한 판단을 해야 합니다. 너무 분위기가 과열되면 토지거래허가구역으로 지정될 수도 있습니다. 그러면 몇 년간 지지부진하게 흐릅니다. 땅값은 하락은 하지 않지만, 장기간 보합을 그리며 횡보하는 구간이 나타납니다.

이때 외지에서 투자한 사람들은 땅값 상승은 없고 거래량도 없이 대출이자만 나가는 시기가 힘들어지면서 투자 원금만 건지면 팔고 나가고 싶은 욕구가 점점 강해집니다. 이때 매도인과 잘 협상하면 의외로 합리적인 가격에 토지를 살 수 있습니다. 물론 확정고시에 최대한 가까운 시기에 기존 외지인 투자자가 지칠 대로 지친 그 시기이면 금상첨화(錦上添花)입니다. 확정고시의 시기도 토지 투자를 배우다 보면 그 시기를 알 수 있는 방법들이 있습니다.

이 시기의 가장 큰 특징은 전국의 투자가가 현지로 몰려들고 외지 투자자들의 문의가 폭주하는 시기입니다. 부동산 가격이 본격적으로 폭

등하고 지역 중개사무소에서 물건 구하기가 어려워집니다. 발 빠르게 움직여야 물건을 구할 수 있는 시기입니다. 매도자들이 매물을 거둬들이고, 꼭 팔아야 할 매물은 가격을 많이 올립니다. 하지만 잘 판단해서 조금 비싸더라도 미래가치를 보고 빨리 매입해야 합니다. 자칫 시간이 지체되면 매물적체의 시기가 와서 단기 고점에 가격하락 시기에 매입하는 결과가 될지도 모릅니다. 따라서 최대한 빠르게 움직이는 것이 관건입니다.

3단계

고시 및 확정 단계입니다. 정확히 이야기하면 관공서에 지적고시가 나며 이해관계인의 공고, 공람이 이루어지는 시기입니다. 일반인들이 가장 안전하게 투자를 할 수 있는 진입 시점입니다. 관공서의 서류를 믿고 투자하는 단계라고 생각하면 됩니다. 토지이음에 계획도로가 명시되고 지구단위계획이 지정되고 용도지역이 변경되었다면 안전하게 시간에 투자할 수 있는 단계입니다. 이 단계에서는 가격이 한 번 더 수직 상승 합니다.

거래가 되고, 안 되고에 상관없이 매도인의 호가는 상승합니다. 그만큼 기대심리가 개발사업고시 및 확정으로 인해 커지는 시기라고 보면 됩니다. 고수들은 이때 1차 매도 시점을 잡고 매도합니다. 보통 땅값은 개발 초기보다 많이 올랐기 때문에 투자 시간 대비 차익 욕구가 생깁니다. 이때 진입한 초보 투자자들에게는 변수가 생길 수 있습니다. 개발사업이라는 특성상 보상 협의로 시간이 지체될 수 있습니다. 또한 정권이 바뀌는 정치적 변화와 리스크 또는 예산 배정 등의 문제로 인해 생각보다 시간이 지체되면, 땅값은 일시적으로 하락하거나 보합으로 오랜 시간 끌려갈 수 있습니다. 이때 만약 무리한 대출을 받아 토지 투자를 한 분이라면, 대출이자 부담에 급매로 내놓는 경우도 많습니다. 신규 진입자에게는 기회가 될 수 있지만, 이런 변수를 감안하지 않고 투자한 분에게는 씁쓸한 순간이 될 것입니다.

4단계

착공 단계입니다. 착공을 시작하면 또 한 번 땅값이 상승합니다. 3단계의 과정을 잘 견뎠다면 착공 단계에서는 실수요자의 수요와 투기수요가 함께 만나 안정적인 상승이 이루어지는 구간입니다. 비로소 그동안 겁나서 못 들어오던 실수요형 투자자들이 물밀듯이 땅을 삽니다. 언론과 뉴스에서는 다시 착공 소식을 알리며 토지 거래량도 급등하고 가격도 상승합니다. 거래량이 늘어나야만 매도자가 우위에 서 있으며 매수자를 골라서 매도할 수가 있는 것입니다. 하지만 신규 투자자는 실수요나 건축 후 매도할 투자자가 아니라면, 매입은 신중하게 고려해봐야 할 시기입니다. 보통 토지 고수들은 이 단계에서 거의 수익실현을 하고 빠집니다. 결국, 고수들의 수익은 이 단계에서 진입하는 실수요자들이 만들어주는 결과입니다. 그렇다고 실수요자들의 수익이 없는 것은 아닙니다. 이때부터는 수익률의 투자가 아닌 총액 투자의 개념이 적용됩니다. 예를 들어 $3.3m^2$당 300만 원의 토지를 실수요자가 사서 2배 정도 남기고 팔게 됩니다. 하지만 그 투자금이 5억 원이라면 10억 원이 되는 개념의 토지 투자가 되는 시기입니다.

5단계

준공 단계입니다. 이 단계에서는 단순히 토지 투자만 하고 수익을 보는 개념보다는 시행과 건축의 개념이 가미된 토지 개발로 돈을 버는 단계입니다. 토지 매입금액은 이미 오를 대로 오른 상태이기 때문에 시행과 건축을 통해 수익을 창출하는 구간입니다. 이 방법은 세금도 절세하고 수익도 볼 수 있는 안정적인 투자를 할 수 있습니다. 이런 5단계를 거쳐 개발 사업은 완성됩니다.

이렇게 토지 상승 5단계 사이클을 알아봤습니다. 이 사이클에서 토지를 매입해야 하는 시점은 2단계와 3단계 사이입니다. 하지만 그것보다 더 중요한 것은 2단계와 3단계가 5년이 될 수도 있고, 10년이 될 수도 있다는 사실입니다. 대출이 없는 투자라면 상관이 없겠지만, 대부분 대출을 끼고 투자합니다. 이자 감당을 고려한 투자를 해야 합니다.

토지 투자에서 얼마나 싸게 매수할 타이밍을 포착하고 매입하느냐도 중요하지만, 그것보다 더 중요한 것은 매도 타이밍입니다. 매도 타이밍은 거래량이 관건입니다. 거래량이 많을 때, 매도해야 골라서 매도할 수 있습니다. 땅을 사고 싶어 안달이 난 수요자가 많을 그 시기를 조금 더 받으려는 욕심 때문에 놓치면, 매도 기회가 쉽게 오지 않을 수 있습니다. 결국, 땅값은 정해진 패턴대로 올라간다는 결론입니다. 물론 그 시간은 개발사업의 종류와 규모 여러 가지 요인들로 인해 차이가 날 수 있습니다. 동일한 규모와 비슷한 유형의 인근 사례 모형을 찾아보고 분석해서 어떻게 땅값이 상승했는지 연구해보면, 내가 투자하려는 지역의 미래도 서서히 보일 것입니다.

예를 들어 현재 경기도 평택의 경우 삼성반도체 공장건설로 완전 다른 도시로 변모되었지요. 현재는 5단계 막바지로 성숙단계로 진입했습니다. 평택과 비슷한 모델로 주목받고 있는 도시가 바로 경기도 안성입니다. 여러분들 평택의 모형을 보고 안성을 한번 분석해보시면 좋은 기회가 생길 수도 있습니다.

그리고 토지 투자를 하는 데 있어 나만의 목표 기간과 목표수익을 정하고 투자하길 바랍니다. 즉, 계획성 있는 투자를 해야 합니다. 토지 투자는 일정 부분 시간에 투자해야 하기 때문에 내가 가용할 자금 중 몇 퍼센트의 비중으로 토지 투자를 할지 또 단기 투자를 할 것인지, 중장기 투자를 할 것인지에 대한 계획을 세우고 투자해야 합니다. 만약 중장기로 투자하려면 적은 금액으로 큰 평수를 가지고 갈 수 있는 위치에 경매나 공매를 통한 매입을 고려해보고, 단기로 투자할 것이라면 토지 개발을 접목해서 법인 투자로 하는 것이 더 합리적인 투자 전략입니다. 중장기의 기간은 최대 5년을 넘지 않는 범위에서 2단계에 투자해서 3단계에 매도하면 국책개발 사업지의 경우 최소 3~5배는 오릅니다.

물론 자금의 여유가 있다면 더 보유해서 4단계에 팔면 더 큰 수익이 있겠지만 양도소득세도 고려해서 판단해야 합니다. 무조건 수익이 많이 나는 것이 중요한 것이 아니라 내 손에 얼마의 수익이 돌아오냐를 잘 계산해서 매도 타이밍을 잡는 것이 더 현명한 투자입니다.

이 부동산 사이클에서 변수인 금리와 경기는 개발사업 지역 토지 시장에서는 크게 영향을 미치지 않는 특성이 있습니다. 다만 경기가 안 좋고 금리 상승 시에는 토지 거래량은 줄어들 수 있지만, 가격이 과도하게 하락하는 등의 특성은 나타나지 않습니다. 개발지역 토지의 대표적인 신도시 투자의 경우는 거의 패턴이 비슷하게 나타납니다. 이전 신도시의 개발 과정을 답사해 모방 투자를 한다면, 좋은 결과를 낼 수 있을 것입니다.

③ 절대 사면 안 되는 땅

토지에서 절대 사면 안 되는 땅이 있습니다. 맹지, 공익용산지, 지분 토지, 개발제한구역 등 이런 땅은 사면 안 됩니다. 바로 현재 입장에서 개발할 수 없기 때문에 실수요와 투기수요가 없는, 말 그대로 샀다가는 아무런 개발행위도 하지 못하고 묶여 있어야 하는 땅이기 때문입니다.

일반인들이 토지 투자에서 가장 걱정하는, 이러지도 저러지도 못하는 땅이 될 확률이 높기 때문입니다. 토지 투자에서 가장 중요한 인구와 개발계획으로 투자 지역이 선정되면 그다음으로 입지와 용도지역 도로요건 등 개별요인을 분석해야 합니다. 이때 바로 땅 보는 안목이 있어야 좋은 땅을 매입할 수 있습니다. 우선 좋은 땅을 고르기 위해서는 안 좋은 땅을 골라낼 수 있는 능력을 키우면 됩니다. 토지 투자에서 땅의 정의는 3가지 측면이 있습니다.

첫째, 절대 사면 안 되는 땅입니다.

우리가 과일을 고를 때도 못생기거나 파지를 골라내고 나면, 보기 좋은 과일만 남습니다. 마찬가지로 절대 사면 안 되는 땅을 고를 줄 안다면, 자연스럽게 사도 되는 땅을 고를 수 있게 됩니다.

도로여건과 모양 형상과 관련되어서는 길이 없는 맹지와 길이 있는데 도로보다 많이 푹 꺼진 땅과 토지 모양이 많이 부정형인 땅, 가용 면적성이 좋지 않은 땅, 평균 경사도가 20도 이상인 땅 등입니다.

공법상 제한이 있는 용도지역과 관련해서는 농업진흥지역과 산지관리법상 임업용 산지와 공익용산지, 상수원보호구역과 문화재보호구역 등 보호구역으로 설정된 땅, 개발제한구역, 자연환경보전지역 등입니다. 주변의 혐오시설 등이 있어 피해야 할 땅은 주위에 대규모 축사단지나 송전탑 아래 땅(선하지) 군사시설 및 군부대, 쓰레기처리시설, 납골당, 공동묘지 인근 등입니다.

또한, 땅 자체는 괜찮은데 권리상 하자가 있는 땅도 피해야 합니다. 가등기나 가압류 등과 해결 하기 복잡한 근저당과 지상권이 있는 경우 잘 분석해 봐야 합니다. 말소가 가능한 경우에만 매입을 고려해야 합니다. 이 내용은 많이 알려져서, 토지를 잘 모르는 분들도 한 번쯤은 어디서 들어본 듯한 이야기일 것입니다. 이번에는 제가 실제로 경험한 사례를 통해, 좀 더 케이스별로 사면 안 되는 땅의 케이스를 이야기해 드리겠습니다.

첫 번째는 기존 주유소 등을 하는 토지는 싸게 나오는 경우가 있는데 덜컥 샀다가 낭패를 볼 수 있습니다. 매입 시에 다른 용도로 사용하고자 하면 토지오염검사가 및 복구가 필수입니다. 그 비용만 하더라도 몇억 원이 들 수도 있어, 땅값보다 더 비쌀 때도 있으니 꼭 확인해야 합니다.

두 번째는 국도변에 도로를 접하고 있는 토지 중에 접도구역에 저촉되는 면이 많은 토지도 손해를 많이 보는 토지이니 잘 따져 봐야 합니다. 접도구역에 포함된 면적이 많은 토지는 그만큼 개발행위나 건축행위 시 그 면적만큼 행위가 불가능해 손해 보는 면적이 됩니다. 그리고 건폐율과 용적률 산정 시에도 접도구역에 포함된 면적은 제외되니, 토지의 효율성 측면에서도 불리합니다.

건축물 건축 시 접도구역 내에서는 불가능하고, 건폐율과 용적률을 산정함에서도 접도구역 내의 면적은 제외됩니다. 따라서 접도구역이 많이 포함된 토지는 그만큼 손해를 보기 때문에 토지 매입 시 금액 조정을 해서 적정한 금액에 매입하거나 아니면 매입에 신중을 기해야 합니다.

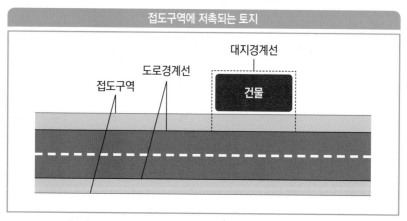

접도구역에 저촉되는 토지

대지경계선

도로경계선

접도구역

건물

출처 : 저자 작성

도로법

제40조(접도구역의 지정 및 관리) ① 도로관리청은 도로 구조의 파손 방지, 미관(美觀)의 훼손 또는 교통에 대한 위험 방지를 위하여 필요하면 소관 도로의 경계선에서 20미터 (고속국도의 경우 50미터)를 초과하지 아니하는 범위에서 대통령령으로 정하는 바에 따라 접도구역(接道區域)을 지정할 수 있다.

② 도로관리청은 제1항에 따라 접도구역을 지정하면 지체 없이 이를 고시하고, 국토교통부령으로 정하는 바에 따라 그 접도구역을 관리하여야 한다.

③ 누구든지 접도구역에서는 다음 각 호의 행위를 하여서는 아니 된다. 다만, 도로 구조의 파손, 미관의 훼손 또는 교통에 대한 위험을 가져오지 아니하는 범위에서 하는 행위로서 대통령령으로 정하는 행위는 그러하지 아니하다.

1. 토지의 형질을 변경하는 행위
2. 건축물, 그 밖의 공작물을 신축·개축 또는 증축하는 행위

④ 도로관리청은 도로 구조나 교통안전에 대한 위험을 예방하기 위하여 필요하면 접도구역에 있는 토지, 나무, 시설, 건축물, 그 밖의 공작물(이하 '시설 등'이라 한다)의 소유자나 점유자에게 상당한 기간을 정하여 다음 각 호의 조치를 하게 할 수 있다.

1. 시설 등이 시야에 장애를 주는 경우에는 그 장애물을 제거할 것
2. 시설 등이 붕괴하여 도로에 위해(危害)를 끼치거나 끼칠 우려가 있으면 그 위해를 제거하거나 위해 방지시설을 설치할 것
3. 도로에 토사 등이 쌓이거나 쌓일 우려가 있으면 그 토사 등을 제거하거나 토사가 쌓이는 것을 방지할 수 있는 시설을 설치할 것
4. 시설 등으로 인하여 도로의 배수시설에 장애가 발생하거나 발생할 우려가 있으면 그 장애를 제거하거나 장애의 발생을 방지할 수 있는 시설을 설치할 것

세 번째는 교차로 영향권입니다. 교차로 연결허가 금지구간이 있습니다. 이 경우는 도로에 접하더라도 건축할 수 없습니다. 실제로 대로를 접한 코너 토지인데, 건축허가가 안 나는 맹지도 있습니다. 이런 땅은 일반인들이 좋아하는 보기 좋은 물건이지만, 진입로를 만들 수 없는 토지입니다. 또한, 최소거리 연결금지기준으로 곡선반경이 280m 또는 2차도로 140m 미만으로 차량 시야가 확보되지 못하는 구간입니다. 물건을 찾다가 이런 유형의 물건을 보면, 해당 관청에 문의해서 허가가 나는지 꼭 확인해야 합니다. 자동차전용도로와 고속도로 등은 건축법상 도로가 아니므로 이 도로와 접하는 토지 또한 맹지입니다. 그래서 사면 안 되는 땅입니다.

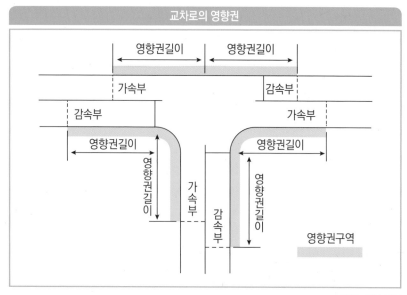

교차로의 영향권

출처 : 저자 작성

출처 : 저자 작성

교차로 영향권(도로연결허가 금지구간)은 국도의 본선 또는 교차도로에서 진입하는 감속 차선의 교차시설을 지나 램프에서 본선 또는 교차도로를 진입하는 가속차선 종점까지의 범위를 말합니다.

'대지와 도로와의 관계'에서 교차로 영향권 및 접도구역에서 진입로 개설 금지 조항이 있습니다. 일반적으로 토지에 투자할 때 도로와 접해 있고, 특히 코너 땅을 많이 선호합니다. 교차로에서 도로로 돌아 바로 접한 필지로 급회전해 진입하게 되면, 사고의 위험이 매우 커서 교차로 주변 토지에 건축물이 없는 경우가 있습니다. 교차로 영향권 토지는 도로와 접해 있으나, 도로 점용이 안 되므로 지적법상으로 맹지는 아니더라도 사실상 맹지와 다름이 없습니다. 개발행위를 하는 데 규제가 따르므로 주의해야 합니다.

비도시지역이 아닌 도시지역에 있는 도로는 도시계획시설의 도로일까요? 도로법의 도로일까요?

만일 도시계획시설 도로라면 교차로 영향권이 없고, 도로 모퉁이만 있습니다. 도로법상 도로라면 교차로 영향권이 있어, 그 영향권 범위 내에는 진입로를 연결할 수 없어 사실상 맹지가 될 수 있습니다. 즉, 도시계획법에 따른 도시지역인 주거, 상업, 공업지역에는 교차로라 하더라도 도로 모퉁이만 있는 경우가 있습니다. 도시지역의 녹지지역과 비도시지역의 도로법의 도로에는 도로의 기능증진을 위해 대부분 교차로 영향권이 있습니다. 교차로 영향권이 없더라도 녹지지역과 비도시지역, 주간선도로 등에는 완충녹지 등으로 연결허가가 사실상 금지될 수 있습니다. 어떤 토지에 교차로 영향권이 있느냐, 없느냐보다는 그 도로에 연결허가 여부를 따져봐야 합니다. 즉, 인허가 여부는 도로이용상태 등을 고려해 녹지지역과 비도시지역, 주간도로, 자동차전용도로에 연결되는 도로개설 여부를 반드시 확인하는 절차를 거쳐야 합니다.

또한, 접도구역 영향권 이격 거리규정으로 곡선반경에 따라 진입로의 길이를 7~9m 떨어져서 건축물을 건축해야 합니다.

　도로가 곡선이면 교통사고 예방을 위해 최소거리 구간(곡선반경에 따라 7~9m 떨어진)을 두게 되므로 이런 토지도 실제 건축 가능 면적 여부를 사전에 확인 후 매입해야 합니다.

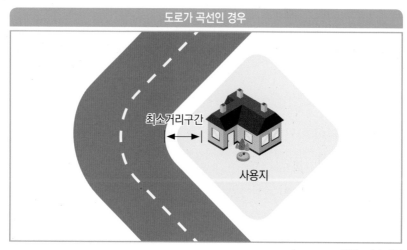

도로가 곡선인 경우

최소거리구간

사용지

　네 번째는 계획도로에 접한 토지입니다. 사실 현장에서 일반인들이 가장 많이 물어보는 질문이기도입니다. "계획도로에 접해 있는 토지인데 도로가 나면 몇 배가 오른다던데 사도 될까요?"라고 많이 물어봅니다. 말 그대로 계획도로가 도로가 되는 순간, 땅값이 몇 배 오르는 것은 시간문제입니다. 하지만 계획도로는 계획일뿐 20년 뒤에 날 수도 있고 또 영영 안 날 수도 있습니다. 가장 좋은 방법은 계획도로 내의 토지나 주택이 보상되고 있는지 행정관청 도로과 회계과 등에 문의하는 것입니다. 언제 계획도로가 날지에 대한 정보를 명확히 들은 후 매입해야 합니다. 아니면 덜컥 샀다가 상속해줘야 할지도 모릅니다.

계획도로에 접한 토지

도시계획도로(빨간선)

출처 : 토지이음

　다섯 번째는 현황도로가 있는데 사도인 경우, 사용승낙서를 받을 수 없는 땅은 절대 사면 안 됩니다. 특히 시골에 있는 공인중개사나 중개인이 땅 사고 나면 받아준다라고 이야기한다면 더더욱 의심을 해봐야 합니다.

현황도로가 있는 토지

현황도로

출처 : 저자 작성

그 말만 믿고 땅을 샀다가 도로 사용승낙서를 못 받아서 고생하는 분들이 의외로 많습니다.

이렇게 세부적으로 들어가서 보면, 절대 사면 안 되는 땅이 많습니다. 여러분들이 토지 투자를 공부해야 하는 이유는 바로 이런 땅을 잘못 사서 고생하는 일이 없도록 하기 위해서입니다. 반면 저런 사면 안 되는 땅 중에 핸디캡을 극복할 방법이 있는 경우가 있습니다. 그러면 바로 싸게 사서 비싸게 팔 수 있는 대박 토지가 될 수 있습니다.

❹ 좋은 땅 vs 돈 되는 땅

절대 사면 안 되는 땅을 앞서 살펴봤습니다. 이번에는 사도 되는 땅을 알아보겠습니다. 사도 되는 땅은 좋은 땅과 돈 되는 땅입니다. 토지의 가격은 수요의 크기로 결정됩니다. 가격상승 폭은 투기수요가 이끌고, 그다음 실수요가 뒷받침되면서 한 번 더 가격이 상승하는 패턴이 보통입니다. 따라서 좋은 땅은 실수요자의 처지에서 보는 관점이고, 돈 되는 땅은 투기수요와 실수요자를 동시에 만족하게 하는 땅입니다.

우리는 좋은 땅보다는 돈 되는 땅을 골라내는 능력을 키워야 합니다. 우리는 토지 투자로 수익을 내는 것이 목표이기 때문입니다. 실수요자가 원하는 좋은 땅은 이런 땅입니다. 예를 들어 사업을 하는데, '창고를 지을 땅이 필요하다. 답답한 도심 아파트를 벗어나 도심 외곽에 단독주택을 짓고 싶으니 땅이 필요하다' 등의 목적이 있어 땅을 구하는 분들은 내 목적에 맞는 땅이 있으면 구매합니다. 말 그대로 실수요의 목적이기 때문입니다. 누가 뭐라고 하든 자신의 마음에만 든다면 좋은 땅이되는 것이지요.

돈이 되는 땅은 좋은 땅과는 다릅니다. 부동산은 살아 움직이는 생물입니다. 여러분들이 생각하기에 3.3㎡당 10만 원짜리 농지가 20만 원이 되는 것이 쉬울까요? 3.3㎡당 100만 원짜리 주거지에 있는 농지가 200만 원이 되는 것이 쉬울까요?

확률상은 주거지에 있는 농지가 올라갈 확률이 높습니다. 수요와 공급의 법칙이 적용되기 때문입니다. 만약 농사를 지을 목적으로 땅을 구한다면, 10만 원짜리 농지는 정말 좋은 땅이 되는 것입니다. 하지만 평생 농사의 목적으로만 사용해야 할 확률이 대부분이고, 땅값이 올라갈일도 별로 없습니다.

주거지에 있는 농지는 용도변경으로 주택이나 상가를 지을 수 있는 땅으로 변신할 수 있습니다. 때에 따라서 주변 개발이 가속화되면 5배, 10배도 올라갈 가능성이 있는 땅이 되는 것입니다. 바로 돈 되는 땅입니다. 제가 후반부에 실전 투자 사례에 주거지에 있는 농지 투자로 1년 만에 5배를 번 실제 사례를 말씀드리겠습니다. 그러면 돈 되는 땅은 어떤 땅인지 몇 가지 알아보겠습니다.

첫 번째는 계획관리지역의 농지를 주목하십시오. 지목이 전, 답, 과수원인 토지를 농지라고 합니다. 용도지역상으로는 농림지역의 농지보다 관리지역 내의 농지가 활용도가 더 많고 일반인들이 개발하기도 더 유리합니다. 그중에서도 토지의 활용이 가장 높은 계획관리지역의 농지가 토지 투자에서는 가장 낫습니다.

두 번째는 준보전산지의 임야 중 경사도 15도 미만의 임도가 아닌 일반 도로에 접한 토지에 주목하십시오. 특히 지목은 '임야'인데, 지번 앞에 '산'이라는 단어가 붙지 않은 '토임'이 보인다면 주목하십시오.

토임이란 토지임야의 약자로서 지목상으로는 여전히 임야입니다. 지적도상 임야이나 분명한 경계와 지적도상 도로를 확인하기 위해, 그 부분의 임야도를 다시 확대하고, 그 축적을 크게 한 지적도를 그려놓은 임야를 말합니다.

통상의 1/3000 또는 1/6000의 임야도에서는 대상 토지가 너무 작게 그려져 있어 그 경계와 도로를 확인하기 어렵기 때문입니다. 통상 경상도가 낮은 평평한 지반 상태의 1000평 미만 소규모 임야에 적용되고 있습니다.

세 번째는 주거지와 준주거지의 가격이 비슷하다면 준주거지역의 토지에 주목하십시오. 준주거지역은 건축 시 전체를 상가로 구성할 수도 있고 주택과 상가를 병행해 건축도 가능합니다. 통상 건폐율과 용적률이 일반주거지보다 더 높은 용도지역입니다.

준주거지역

도시계획법에 의거, 주거 기능을 주로 갖되 상업적 기능의 보완이 필요한 주거지역의 하나를 말한다. 주거지역은 전용 및 일반, 준주거지역 등 세 가지가 있는데, 준주거지역은 이 가운데 상업적 성격이 가장 강하다. 준주거지역의 상업성은 대지 면적에 대한 건물 연면적 비율을 나타내는 용적률에서 잘 나타난다. 용도지역별 용적률의 최대한도는 관할 구역의 면적과 인구 규모, 용도지역의 특성 등을 고려해 대통령령으로 정하는 기준에 따라 특별시·광역시·특별자치시·특별자치도·시 또는 군의 조례로 정하도록 하고 있다(국토의 계획 및 이용에 관한 법률 제78조).

다섯 번째는 현재 고속도로 IC공사를 하고 있는 지역을 찾아 진출입로 주변의 토지를 살펴보는 것입니다. 특히 주변에 대규모 산업단지가 있다면 IC 주변 계획관리지역에 공장을 지을 수 있는 부지를 주목하십시오. 결국, 좋은 땅은 실수요 용도에 맞는 땅이고, 돈 되는 땅은 투기수요와 실수요를 둘 다 만족하고 미래가치를 올릴 수 있는 땅입니다. 여러분들은 바로 이 돈 되는 땅을 고를 수 있는 안목을 키워야 한다는 것을 꼭 잊지 마시길 바랍니다.

5 땅의 신분을 결정하는 용도지역

대한민국 땅값의 키는 누가 쥐고 있을까요? 바로 정부입니다. 그 이유는 땅의 용도를 정부에서 정하기 때문입니다. 만약 땅에 용도에 따른 규제가 없어서 땅 주인 마음대로 건축을 하거나 개발을 한다면 전 국토는 난장판이 되겠지요. 그래서 모든 국가는 전 국토를 대상으로 국토의 장기적 발전 방향을 제시하는 종합계획을 세우고 그에 맞게끔 세부 계획을 세워서 토지의 개발과 이용 보전까지 관리하는 것입니다.

국토종합계획은 20년 단위로 수립되는데 현재는 제5차 국토종합계획이 2020년~2040년까지 시행 중입니다. 꼭 한번 찾아서 읽어 보시길 바랍니다. 그다음으로 하위계획들이 실시되고요. 여러분들이 투자할 지역이 선정되면 5년 단위로 수립되는 바로 이 도·시군기본계획과 관리계획은 꼭 보셔야 합니다. 그래야 그 지역의 세부 개발 청사진과 방향을 읽을 수 있으니까요.

출처 : 국토교통부

국토종합계획의 변천

구분	제1차 국토개발계획 (1972~1981)	제2차 국토개발계획 (1982~1991)	제3차 국토개발계획 (1992~2001)	제4차 국토개발계획 (2002~2020)	제4차 국토개발계획 (2006~2020)	제4차 국토개발계획 (2011~2020)
수립배경	• 국력의 신장 • 공업화 추진	• 국민생활환경의 개선 • 수도권의 과밀 완화	• 사회간접자본시설의 미흡에 따른 경쟁력 약화 • 자율적 지역개발 전개	• 21세기 여건변화에 주도적 대응 • 국가 융성과 국민 삶의 질 확보하기 위한 새로운 국토 비전과 전략필요	• 노무현정부 출범 • 분권·분산에 입각한 균형발전이 국정기조로 강조 • 행정중심복합도시 등 국토공간구조의 변화 반영 • 남북 교류협력 확대 및 대외환경 변화에 대응	• 이명박정부 출범 • 국가경쟁력이 국정기조로 강조 • 4대강 살리기사업 등 국 책사업 반영 • FTAS시대의 글로벌 트렌드를 수용한 글로벌 국토 실현
비전 및 목표	• 국토이용관리 효율화 • 사회간접자본 확충 • 국토자연 개발과 자연 보전 • 국민생활환경의 개선	• 인구의 지방정착 유도 • 개발가능성의 전국적 확대 • 국민복지 수준의 제고 • 국토자연환경의 보전	• 지방분산형 국토 골격 형성 • 분산적·자원절약적 국토이용체계 구축 • 국민복지 향상과 국토환경 보전 • 남북통일에 대비한 국토기반의 조성	비전 – 21세기 통합국토 실현 • 더불어 잘사는 균형국토 • 자연과 어우러진 녹색국토 • 지구촌으로 열린 개방국토 • 민족이 화합하는 통일국토	비전 – 약동하는 통합국토의 실현 • 더불어 잘사는 균형국토 • 자연과 어우러진 녹색국토 • 지구촌으로 열린 개방국토 • 민족이 화합하는 통일국토	비전 – 글로벌 녹색국토 • 경쟁력 있는 통합국토 • 지속가능한 친환경국토 • 품격있는 매력국토 • 세계로 향한 열린국토
추진전략 및 주요정책 과제	• 대규모 공업기반 구축 • 교통통신, 수자원 및 에너지 공급망 정비 • 부진지역 개발을 위한 지역기능 강화	• 국토의 다핵구조 형성과 지역생활권 조성 • 서울·부산 양대 도시의 성장억제 및 관리 • 지역기능 강화를 위한 교통·통신 등 사회간접자본 확충 • 후진지역의 개발 촉진	• 지방 육성과 수도권 집중억제 • 신산업지대 조성 및 산업구조 고도화 • 종합적 고속교류망 구축 • 국민생활과 환경 부문의 투자증대 • 국토계획 집행력 강화 및 국토이용 관련제도 정비 • 남북교류지역의 개발 관리	• 개방형 통합국토축 형성 • 지역별 경쟁력 고도화 • 건강하고 쾌적한 국토환경 조성 • 고속교통망확충 • 남북한 교류협력 기반 조성	• 행정중심복합도시 건설, 공공기관 지방이전, 혁신도시·기업도시 건설추진 • 개방형 국토축+다핵연계형 국토구조 기형 국토축(7+1) 구조	• 광역경제권 형성해 지역별 특화발전, 글로벌 경쟁력 강화 • 개방형 국토축을 고려한 전략적 지역특성을 성장거점 육성 – 5+2광역경제권

2억으로 1년에 10억 버는 토지 투자 기술
지금은 땅이 기회다

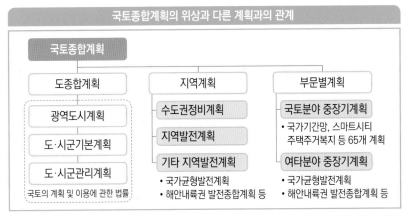

국토종합계획의 위상과 다른 계획과의 관계

- 국토종합계획
  - 도종합계획
    - 광역도시계획
    - 도·시군기본계획
    - 도·시군관리계획
    - 국토의 계획 및 이용에 관한 법률
  - 지역계획
    - 수도권정비계획
    - 지역발전계획
    - 기타 지역발전계획
      - 국가균형발전계획
      - 해안내륙권 발전종합계획 등
  - 부문별계획
    - 국토분야 중장기계획
      - 국가기간망, 스마트시티 주택주거복지 등 65개 계획
    - 여타분야 중장기계획
      - 국가균형발전계획
      - 해안내륙권 발전종합계획 등

출처 : 국토교통부

상담을 하다 보면 제일 먼저 제가 질문을 하는 것이 있습니다. "땅의 용도지역이 무엇인가요?" 그러면 보통은 임야, 아니면 전답이라고 대답하는 분들이 의외로 많습니다. 어떻습니까? 여러분들은 잘못된 점을 눈치채셨나요? 제가 물어본 것은 용도지역인데 답변은 지목으로 답변을 합니다. 하지만 생각보다 많은 분이 용도지역과 지목을 혼동합니다. 저 역시 예전에는 그랬습니다. 그래서 용도지역과 지목의 차이점과 토지 투자 시 어떤 부분을 고려해야 하는지 알려드리겠습니다.

먼저 용도지역을 말씀드리겠습니다. 서두에서 말씀드린 대로 우리나라의 모든 땅은 용도를 정해놓았습니다. 그 용도에 따라 개발행위와 건축행위가 정해지다 보니 용도는 토지에 있어 신분이라고 생각하시면 될 것 같네요. 건축물의 면적을 결정하는 건폐율과 높이를 결정하는 용적률 또한 용도지역에 의해 결정됩니다. 더 세부적으로는 용도를 용도지역과 용도구역, 용도지구 등 3가지로 나누어놓았습니다. 용도지역은 도시지역과 비도시지역으로 나뉘고 모든 토지에 적용됩니다. 용도구역은 시가지의 무질서한 확산방지 및 계획적인 토지 이용 도모를 위해 지정하고, 여러분들이 잘 아는 개발제한구역이나 문화재보호구역 등이 있습니다. 종류는 엄청 많은데, 토지이용규제확인서비스에서 확인할 수 있습니다.

용도지역

토지의 합리적 이용 및 관리를 위해 '국토의 계획 및 이용에 관한 법률'에 근거해 해당 토지의 용도에 일정한 행정규제를 가함으로써 해당 지역의 적합한 용도에 사용되도록 지정된 곳을 말한다. 한마디로 용도지역은 토지이용을 유도하고 규제하는 행정수단이다. 용도지역은 크게 도시지역, 관리지역, 농림지역, 자연환경보전지역 등 4가지로 구분되는데, 이들 중 도시지역은 주거지역, 상업지역, 공업지역, 녹지지역으로 세분화되고, 관리지역은 보전관리지역, 생산관리지역, 계획관리지역으로 세분화된다. 물론 세분화된 용도지역별로 건폐율, 용적률 등이 다르다.

출처 : 네이버 지식백과

용도구역

토지의 이용과 건축물의 용도·건폐율·용적률·높이 등에 대한 용도지역 및 용도지구의 제한을 강화 또는 완화해 따로 정함으로써 시가지의 무질서한 확산방지, 계획적이고 단계적인 토지 이용 도모, 토지 이용의 종합적 조정·관리 등을 위해 도시·군관리계획으로 결정하는 지역을 말한다.

출처 : 네이버 지식백과

용도지구는 용도지역의 기능을 증진 시키기 위해 지정되는데 여러분들 취락지구라고 들어보셨을 것입니다. 자연녹지지역에 취락지구가 중첩으로 지정되면 원래 건폐율 20%가 50%(법 기준)로 상향되고 용적률도 80%에서 100%로 상향됩니다. 예전부터 마을로 형성되어 있던 곳이 대부분입니다. 이런 곳은 자연녹지이지만, 건축에는 유리한 지역이

니 땅값이 더 가치가 높다고 할 수 있습니다. 경관지구나 고도지구 등도 대표적인 용도지구입니다.

용도지구

토지의 이용 및 건축물의 용도 · 건폐율 · 용적률 · 높이 등에 대한 용도지역의 제한을 강화 또는 완화해 적용함으로써 용도지역의 기능을 증진하고 미관 · 경관 · 안전 등을 도모하기 위해 도시 · 군관리계획으로 결정하는 지역을 말한다.

용도지구는 용도지역, 용도구역과 더불어 토지이용을 규제 · 관리하는 토지이용계획의 대표적인 법적 실행수단이다.

'국토의 계획 및 이용에 관한 법률'에 의한 용도지구는 경관지구, 고도지구, 방화지구, 방재지구, 보호지구, 취락지구, 개발진흥지구, 특정용도제한지구, 복합용도지구로 구분되며, 시 · 도 또는 대도시의 조례로 용도지구를 신설할 수 있다.

출처 : 네이버 지식백과

출처 : 토지이음

복잡한 것 같지만 결국은 땅 위에 건축이나 개발을 할 때 난개발 방지를 위해 규제를 한다고 이해를 하면 될 것 같습니다. 우선 용도지역의 정확한 의미만 알아도 됩니다.

토지 투자에서 가장 중요한 공법이 바로 '용도지역'입니다. 카카오맵에서 지적 편집도로 들어가서 보시면 색깔별로 이렇게 나옵니다. 이것을 보시면 용도지역이 어떤 형태로 지정되어 있는지 여러분들이 좀 더 쉽게 이해하실 수 있을 것입니다.

출처 : 카카오맵

우선 기본적인 용도지역 지정 방법을 이해할 필요가 있습니다. 종종 이런 질문을 받습니다. "이 땅(농지)을 사면 나중에 상업지로 용도가 바뀐다던데 사야 할까요?" 정말 큰일 날 소리입니다. 용도지역은 국토종합개발계획에 의해서 도시관리계획으로 5년마다 수립, 변경됩니다. 한 번 정해진 용도지역은 웬만해서는 바뀌기 어렵습니다. 정말 특별한 사유가 있어야만 바뀔 수 있습니다.

물론 용도지역이 바뀐다는 것은 토지 투자에서 엄청난 정보입니다. 용도가 바뀌면 땅값이 기본 2~3배는 뜁니다. 하지만 용도지역이 바뀌어도 그 절차가 있습니다. 예를 들어 도시지역의 생산녹지가 용도가 상향되면 그 위 단계인 자연녹지로 바뀔 수 있습니다. 그런데 생산녹지가 자연녹지를 건너뛰고 상업지역으로 바뀐다고 이야기한다면, 그것은 사기입니다.

단, 예외가 있습니다. 신도시를 만들 때는 절차가 달라집니다. 보통 택지지구 지정이나 혁신도시 지정 등 정부의 주도로 만들어지는 신도시나 도시개발사업 등 민간주도로 만들어지는 신도시 사업의 경우는 수용이나 환지방식으로 없던 도시 자체를 새로 만들기 때문에 용도변경이라고 볼 수 없습니다.

내가 가지고 있던 땅은 보상가격으로 수용되기 때문에 용도변경의 수혜를 누릴 수가 없는 것입니다. 따라서 용도지역이 바뀐다고 한다는 정보를 들으면 지자체에 문의해보는 것이 가장 빠른 방법입니다. 실제로 용도지역이 바뀔 예정이라면, 이해관계인의 의견 청취 및 공청회 등 사전 조치 등이 있습니다. 확인하려고 마음먹으면 불가능하지는 않습니다. 누군가 농림지역을 사라고 하면서 이곳이 곧 주거지역으로 바뀐다고 이야기하면 이제 사기라는 것을 여러분들은 알 수 있는 것입니다.

왜냐면 농림지역이 용도변경이 된다고 해도 관리지역으로 변경이 가능한 것이지, 모든 단계를 뛰어넘어서 그 상위 단계로는 가지 못하니까요. 물론 아주 특별한 예외도 있기는 합니다. 다만 제가 말씀드리는 용도변경은 대부분의 일반적일 때를 말씀드리는 것입니다. 이제 여러분들은 이런 내용을 알았으니, 최소한 이런 경우 사기는 당하지 않을 것입니다.

6 이런 용도지역 땅을 사라

그러면 어떤 용도지역이 투자하기 좋고 향후 미래가치가 올라갈 확률이 많은 용도지역일까요? 토지 투자는 미래가치를 사는 행위입니다. 즉, 용도지역은 그 땅의 미래가치입니다. 보통 상업지역이 가장 땅값이 비싸고 가격이 계속 올라가면, 그 주변의 주거지역이 올라갑니다. 그다음에는 도심 외곽 위치 좋은 자연녹지지역부터 서서히 땅값이 올라갑니다. 이런 과정은 아파트 전세보증금이 상승하면 매매가격도 상승하는 원리와 비슷합니다.

토지 투자에서 가장 1순위 용도지역은 비도시지역의 계획관리지역입니다. 계획관리지역이란 도시지역으로 편입이 예상되는 지역이나 자연환경을 고려해 제한적인 이용, 개발하려는 곳입니다. 계획적 체계적인 관리가 필요한 지역이라고 되어 있습니다.

도시지역인 자연녹지보다 건폐율은 20% 더 높은 40%에 용적률은 100%입니다. 단순히 건폐율을 보면 자연녹지보다 계획관리지역이 더 높아서 바닥면적을 더 건축할 수가 있다는 의미입니다. 예를 들어 토지면적이 100평이라면, 자연녹지지역은 20평까지고 계획관리지역은 40

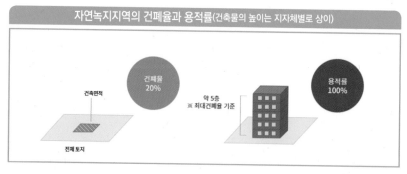

자연녹지지역의 건폐율과 용적률(건축물의 높이는 지자체별로 상이)

출처 : 토지이음

계획관리지역의 건폐율과 용적률(건축물의 높이는 지자체별로 상이)

건폐율
40%

약 2층
※ 최대건폐율 기준

용적률
100%

건축면적

전체 토지

출처 : 토지이음

평까지 바닥면적을 사용해서 건축할 수 있다는 의미입니다.

그러면 이런 궁금증이 생깁니다. 자연녹지지역보다 계획관리지역이 더 좋은 땅이고, 더 비싸야 맞는 거 아닌가요? 하지만 다른 부분에서 차이가 또 있습니다. 자연녹지지역에 건축할 수 있는 건축물의 종류와 계획관리지역에 건축할 수 있는 건축물의 종류를 보면, 자연녹지지역에 건축할 수 있는 건축물의 종류가 훨씬 많습니다. 용도지역별 건축기준 조견표를 보면 알 수 있습니다. 자연녹지지역에서 건축할 수 있는 자동차 관련 시설이나 산업 등 시설군, 문화집회시설군 등은 계획관리지역에서는 조례에 따라 불가능한 경우가 대부분입니다.

다음 용도지역별 건축기준 조견표에 붉은색으로 표시해놓은 부분을 비교해보면, 자연녹지지역과 계획관리지역에서 건축물 용도에 따른 허용 여부의 차이를 확인할 수 있습니다.

우리나라 법 제도는 상위법에서 정해놓은 기준을 지방자치단체의 조례로 제한하는 경우가 많습니다. 특히 부동산 규제에서는 지자체 조례 확인은 필수입니다. 어느 지역이 된다고 해서 이 지역도 된다고 생각하고 투자했다가 낭패를 보는 경우가 정말 많으므로 조심해야 합니다. 대표적으로 도시지역인 자연녹지지역에서 주류를 판매할 수 있는 2종 일

용도지역별 건축기준 조견표

시설군	용도	용도지역 및 건축물 세부종류	도시지역 주거지역 전용 1종	전용 2종	일반 1종	일반 2종	일반 3종	준	상업지역 중심	일반	근린	유통	공업지역 전용	일반	준	녹지지역[1] 보전	생산	자연	관리지역[1] 보전	생산	계획	농림지역	자연환경보전지역	자연취락지구
		국토의 계획 및 이용에 관한 법률 시행령 별표	별표 2	별표 3	별표4 [1][3]	별표 5[2]	별표 6	별표 7	별표 8	별표 9	별표 10	별표 11	별표 12	별표 13	별표 14	별표 15	별표 16	별표 17	별표 18	별표 19	별표 20[4]	별표 21[5]	별표 22[6]	별표 23[1]
		도시·군계획조례에 따른 건폐율																						
		용도별 건축물의 종류(건축법 시행령 별표1) 용적률																						
1 자동차	자동차 관련시설(1)	㉮주차장	○	○	○	○	○	◇	●	●	●	●	●	●	●	×	×	○	×	×	◇	×	×	○
		㉯세차장	×	×	○	○	○	◇	◇	●	●	●	●	●	●	×	×	○	×	×	◇	×	×	○
		㉰폐차장	×	×	×	×	×	×	×	×	×	◇	●	●	●	×	×	○	×	×	◇	×	×	×
		㉱검사장 ㉲매매장 ㉳정비공장	×	×	×	×	×	◇	◇	◇	×	◇	●	●	●	×	×	○	×	×	◇	×	×	×
		㉴운전학원 및 정비학원(운전 및 정비관련 직업훈련시설 포함)	×	×	×	×	×	◇	◇	◇	×	◇	●	●	●	×	○	○	×	○	◇	×	×	×
		㉵여객자동차 운수사업법,화물자동차 운수사업법 및 건설기계관리법에 따른 차고 및 주기장	×	×	×	○	○	◇	◇	◇	◇	◇	●	●	●	×	○	○	×	○	◇	×	×	×
2 산업등시설군	운수시설	㉮여객자동차터미널 ㉯철도시설 ㉰공항시설 ㉱항만시설 ㉲그밖에 ㉮~㉱의 시설과 비슷한 것	×	×	×	×	×	◇	●	●	③	●	○	●	●	×	×	○	×	×	◇	×	×	×
	공장	물품의 제조·가공(염색·도장·표백·재봉·건조·인쇄 등을 포함) 또는 수리에 계속적으로 이용되는 건축물가)	×	×	Ⓐ	Ⓐ	Ⓐ	■A	■D	■A	■A	×	●	●	⑤	×	Ⓑ	Ⓒ	×	Ⓓ	■B	×	×	Ⓔ
	창고시설(2)	㉮창고(물품저장시설로서 물류정책기본법에 의한 냉장 및 냉동창고 포함)	×	×	○	○	○	◇	◇	●	◇	●	●	●	●	🅐	[A]	[A]	Ⓕ	🅐	◇A	🅐	×	🅐
		㉯하역장 ㉰물류터미널(물류시설의 개발 및 운영에 관한 법률에 따른것)	×	×	○	○	○	◇	◇	●	◇	●	●	●	●	×	×	×	×	×	◇	×	×	×
		㉱집배송시설	×	×	○	○	○	◇	◇	●	◇	●	●	●	●	×	×	○	×	×	◇	×	×	×
	위험물저장 및 처리시설(3)	㉮주유소(기계식 세차설비포함) 및 석유판매소 ㉱액화가스 취급소·판매소 ㉴도료류판매소	×	×	○	○	○	◇	◇	◇	◇	◇	●	●	●	×	○	○	○	○	◇	×	×	○
		㉯액화석유가스 충전소·판매소·저장소(기계식 세차설비 포함)	×	×	Ⓖ	Ⓖ	Ⓖ	■C	■C	■C	■C	■C	●	●	●	Ⓗ	[B]	○	○	○	◇	Ⓗ	×	○
		㉰위험물제조소·저장소·취급소 ㉱유독물 보관·저장·판매시설	×	×	×	×	×	◇	◇	◇	◇	◇	●	●	●	×	○	○	○	○	◇	×	×	○
		㉲고압가스 충전소·판매소·저장소	×	×	Ⓖ	Ⓖ	Ⓖ	■C	■C	■C	■C	■C	●	●	●	Ⓗ	[B]	○	○	○	◇	Ⓗ	Ⓘ	○
		㉵도시가스 제조시설 ㉶화약류 저장소 ㉷그 밖에 ㉮~㉶의 시설과 비슷한것	×	×	×	×	×	◇	◇	◇	◇	◇	●	●	●	×	○	○	○	○	◇	×	×	○
	자원순환관련시설	㉮하수 등 처리시설(보전녹지,보전관리,자연환경보전지역은 공공하수처리시설만 해당)	×	×	×	×	×	×	×	×	×	×	●	●	●	○	○	●	○	○	●	○	○	○
		㉯고물상 ㉰폐기물재활용시설 ㉱폐기물 처분시설 ㉲폐기물감량화시설	×	×	×	×	×	×	×	×	×	×	●	●	●	×	○	●	×	○	●	○	×	○
	묘지관련시설	㉮화장시설 ㉯봉안당(종교시설에 해당하는 것 제외) ㉰묘지와 자연장지에 부수되는 건축물 ㉱동물(화장시설·건조장시설·전용납골시설)	×	×	×	×	×	×	×	×	×	×	×	×	×	○	○	●	○	○	●	○	○	×
	장례시설	㉮장례식장 [의료시설(종합병원, 병원, 한방병원, 요양병원)의 부수시설 제외] ㉯동물전용장례식장	×	×	×	×	×	◇	◇	●	●	◇	×	○	●	○	○	●	○	○	●	○	×	×
3 전기통신	방송통신시설(4)	㉮방송국(프로그램제작 및 송·수신 중계시설 포함) ㉯전신전화국	×	×	○	○	○	●	●	●	●	◇	○	○	●	×	●	●	○	○	●	○	×	●
		㉰촬영소 ㉱통신용시설 ㉲데이터센터 ㉳그밖에 ㉮~㉲의 시설과 비슷한 것	×	×	○	○	○	●	●	●	●	◇	○	○	●	×	●	●	○	○	●	○	×	●
	발전시설	발전소(집단에너지 공급시설 포함)로 사용되는 건축물로서 제1종근린생활시설이 아닌것	×	×	○	○	○	◇	●	●	◇	◇	●	●	●	×	●	●	○	●	●	●	○	●
4 문화집회시설군	문화 및 집회시설	㉮공연장(극장, 영화관, 연예장, 음악당, 서커스장, 비디오물감상실, 비디오물소극장, 그 밖에 이와 비슷한 것)다)	×	×	×	○	○	●	●	●	●	●	×	×	●	×	×	○	×	×	◇	×	×	○
		㉯집회장(예식장, 공회당, 회의장, 마권장외발매소, 마권전화투표소 등 이와 비슷한 것)다)	×	×	○	○	○	◇	●	●	◇	◇	×	×	◇	×	○	○	×	×	◇	×	×	○
		㉰관람장(경마장,경륜장,경정장,자동차경기장 등 이와 비슷한 것과 체육관,운동장으로서 관람석이 1천㎡ 이상인 것)	×	×	×	×	×	◇	●	●	◇	◇	×	×	◇	×	×	○	×	×	◇	×	×	○
		㉱전시장(박물관, 미술관, 과학관, 문화관, 체험관, 기념관, 산업전시장, 박람회장, 그 밖에 비슷한것)	Ⓙ	Ⓙ	○	○	○	●	●	●	●	●	Ⓚ	○	●	○	○	○	×	×	◇	×	×	○
		㉲동·식물원(동물원, 식물원, 수족관, 그 밖에 이와 비슷한 것)	×	×	○	○	○	◇	●	●	◇	◇	×	×	◇	×	×	○	×	×	◇	○	×	○
	종교시설	㉮종교집회장(교회, 성당, 사찰, 기도원, 수도원, 수녀원, 제실, 사당 등 이와 비슷한 것)다)	⑩	⑩	○	●	●	●	●	●	●	◇	×	○	◇	○	×	○	○	×	◇	○	Ⓩ	○
		㉯종교집회장(제2종 근린생활시설에 해당하지 아니하는 것)에 설치하는 봉안당	⑩	⑩	○	●	●	●	●	●	●	◇	×	○	◇	○	×	○	×	×	◇	○	Ⓩ	○
	위락시설	㉮단란주점(제2종 근린생활시설에 해당하지 아니하는 것) ㉯유흥주점이나 이와 비슷한 것	×	×	×	×	×	×	◆a	◆a	■E	■E	×	×	×	×	×	×	×	×	×	×	×	×
		㉯「관광진흥법」에 의한 유원시설업의 시설, 그 밖에 이와 비슷한 것(제2종근생과 운동시설 제외)	×	×	×	×	×	×	◆a	◆a	■E	■E	×	×	×	×	×	×	×	×	×	×	×	×
		㉱삭제 ㉲무도장, 무도학원 ㉳카지노영업소	×	×	×	×	×	×	◆a	◆a	■E	■E	×	×	×	×	×	×	×	×	×	×	×	×
	관광휴게시설	㉮야외음악당 ㉯야외극장 ㉰어린이회관	×	×	×	×	×	◇	◇	●	◇	◇	×	×	◇	×	×	●	×	×	◇	×	×	×
		㉱관망탑 ㉲휴게소 ㉳공원, 유원지 또는 관광지에 부수되는 시설	×	×	×	×	×	◇	◇	●	◇	◇	×	×	◇	×	×	●	×	×	◇	×	×	×

출처 : 한국공인중개사협회

반 음식점이 허가되는 지자체도 있고, 허가가 나지 않는 지자체가 있습니다. 만약 도시 외곽 자연녹지지역에 주차장이 넓고 조경이 잘 되어 있는 가든 형식의 음식점을 하기 위해 토지를 매입할 때는 이런 주류판매가 가능한지 아닌지를 토지 구매 전 지자체에 문의 후 사셔야 합니다. 안타깝지만 우리나라에는 이런 다양한 조례로 인해 각 지자체별로 각각 다른 규제가 무수히 존재합니다. 그래서 토지 투자할 때는 그 목적에 맞는 땅의 용도와 규제를 지자체에 꼭 확인하는 습관을 지니고 있어야 투자에 성공할 확률이 높습니다.

계획관리지역 토지가 좋은 이유는 도심이 커지면, 도시지역으로 편입될 가능성이 높기 때문입니다. 이것이 우리가 가장 주목해야 할 용도지역인 이유입니다. 물론 도시지역의 땅을 사면 더 좋겠지만, 그곳은 이미 미래가치가 많이 반영되어서 땅값이 올라있기 때문에 우리가 원하는 소액으로 미래에 올라갈 확률이 높은 땅은 비도시지역의 계획관리지역 토지입니다.

계획관리지역 하위에는 생산관리지역과 보전관리지역이 있습니다. 땅값도 더 싸겠지요. 제가 앞서 설명드린 용도지역 변경 절차를 다시 한번 생각해보시고 투자하시면 될 것 같습니다. 그렇다고 다른 용도지역은 투자하면 안 된다는 뜻이 아닙니다. 자연녹지지역의 취락지구 역시 건폐율 용적률이 완화되니 투자 측면에서 장점이 있습니다. 생산녹지지역이나 생산관리지역도 여건에 따라 투자하면 괜찮은 땅이 많습니다.

하지만 땅은 아주 특수하고 특별한 특성이 있습니다. 용도지역이 좋다고 해서 반드시 땅값이 더 비싸다고 할 수는 없습니다. 땅값은 여러 가지 요인에 의해 복합적으로 결정됩니다. 어떤 땅은 상업지역보다 더 비싼 주거지역도 있고 계획관리지역보다 더 비싼 생산관리지역도 있습니다. 땅은 용도지역과 입지, 모양, 형상, 도로여건, 면적 등 수많은 요인에 의해 복합적으로 결정되기 때문에 아파트 시세처럼 간단히 판단할 수 없습니다. 여러분들이 바로 토지 투자 공부를 하는 이유이기도 합니다.

7 지목과 용도지역을 구분할 줄 알아야 한다

지목은 한 필지에 붙여지는 고유의 이름으로 총 28개로 이루어져 있습니다. 다 알면 좋겠지만, 토지 투자에서는 이 중에서 몇 개 정도만 정확히 알아두면 됩니다.

지목의 종류

출처 : 토지이음

지목의 종류(28가지)

전

물을 상시로 이용하지 않고 곡물·원예작물(과수류는 제외한다)·약초·뽕나무·닥나무·묘목·관상수 등의 식물을 주로 재배하는 토지와 식용(食用)으로 죽순을 재배하는 토지

답

물을 상시로 직접 이용해 벼·연(蓮)·미나리·왕골 등의 식물을 주로 재배하는 토지

과수원

사과·배·밤·호두·귤나무 등 과수류를 집단으로 재배하는 토지와 이에 접속된 저장고 등 부속시설물의 부지. 다만, 주거용 건축물의 부지는 '대'로 한다.

목장용지

다음 각 목의 토지. 다만, 주거용 건축물의 부지는 '대'로 한다.
• 축산업 및 낙농업을 하기 위하여 초지를 조성한 토지
• '축산법' 제2조 제1호에 따른 가축을 사육하는 축사 등의 부지
• 가목 및 나목의 토지와 접속된 부속 시설물의 부지

임야

산림 및 원야(原野)를 이루고 있는 수림지(樹林地)·죽림지·암석지·자갈땅·모래땅·습지·황무지 등의 토지

광천지

지하에서 온수·약수·석유류 등이 용출되는 용출구(湧出口)와 그 유지(維持)에 사용되는 부지. 다만, 온수·약수·석유류 등을 일정한 장소로 운송하는 송수관·송유관 및 저장시설의 부지는 제외한다.

염전

바닷물을 끌어들여 소금을 채취하기 위하여 조성된 토지와 이에 접속된 제염장(製鹽場) 등 부속 시설물의 부지. 다만, 천일제염 방식으로 하지 아니하고 동력으로 바닷물을 끌어들여 소금을 제조하는 공장시설물의 부지는 제외한다.

대

• 영구적 건축물 중 주거·사무실·점포와 박물관·극장·미술관 등 문화시설과 이에 접속된 정원 및 부속 시설물의 부지
• '국토의 계획 및 이용에 관한 법률' 등 관계 법령에 따른 택지조성공사가 준공된 토지

공장용지

- 제조업을 하고 있는 공장시설물의 부지
- '산업집적활성화 및 공장설립에 관한 법률' 등 관계 법령에 따른 공장부지 조성공사가 준공된 토지
- 가목 및 나목의 토지와 같은 구역에 있는 의료시설 등 부속시설물의 부지

학교용지

- 학교의 교사(校舍)와 이에 접속된 체육장 등 부속시설물의 부지

주차장

- 자동차 등의 주차에 필요한 독립적인 시설을 갖춘 부지와 주차전용 건축물 및 이에 접속된 부속 시설물의 부지. 다만, 다음 각 목의 어느 하나에 해당하는 시설의 부지는 제외한다.
- '주차장법' 제2조 제1호 가목 및 다목에 따른 노상주차장 및 부설주차장('주차장법' 제19조제4항에 따라 시설물의 부지 인근에 설치된 부설주차장은 제외한다)
- 자동차 등의 판매 목적으로 설치된 물류장 및 야외전시장

주유소용지

- 다음 각 목의 토지. 다만, 자동차·선박·기차 등의 제작 또는 정비공장 안에 설치된 급유·송유시설 등의 부지는 제외한다.
- 석유·석유제품 또는 액화석유가스, 전기 또는 수소 등의 판매를 위하여 일정한 설비를 갖춘 시설물의 부지
- 저유소(貯油所) 및 원유저장소의 부지와 이에 접속된 부속시설물의 부지

창고용지

물건 등을 보관하거나 저장하기 위하여 독립적으로 설치된 보관시설물의 부지와 이에 접속된 부속시설물의 부지

도로

다음 각 목의 토지. 다만, 아파트·공장 등 단일 용도의 일정한 단지 안에 설치된 통로 등은 제외한다.

- '도로법' 등 관계 법령에 따라 도로로 개설된 토지
- 고속도로의 휴게소 부지
- 2필지 이상에 진입하는 통로로 이용되는 토지

철도용지

교통 운수를 위하여 일정한 궤도 등의 설비와 형태를 갖추어 이용되는 토지와 이에 접속된 역사(驛舍)·차고·발전시설 및 공작창(工作廠) 등 부속시설물의 부지

제방

조수·자연유수(自然流水)·모래·바람 등을 막기 위하여 설치된 방조제·방수제·방사제·방파제 등의 부지

하천

자연의 유수(流水)가 있거나 있을 것으로 예상되는 토지

구거

용수(用水) 또는 배수(排水)를 위하여 일정한 형태를 갖춘 인공적인 수로·둑 및 그 부속시설물의 부지와 자연의 유수(流水)가 있거나 있을 것으로 예상되는 소규모 수로부지

유지(溜池)

물이 고이거나 상시적으로 물을 저장하고 있는 댐·저수지·소류지(沼溜地)·호수·연못 등의 토지와 연·왕골 등이 자생하는 배수가 잘 되지 아니하는 토지

양어장

육상에 인공으로 조성된 수산생물의 번식 또는 양식을 위한 시설을 갖춘 부지와 이에 접속된 부속 시설물의 부지

수도용지

물을 정수하여 공급하기 위한 취수·저수·도수(導水)·정수·송수 및 배수 시설의 부지 및 이에 접속된 부속 시설물의 부지

공원

일반 공중의 보건·휴양 및 정서 생활에 이용하기 위한 시설을 갖춘 토지로서 '국토의 계획 및 이용에 관한 법률'에 따라 공원 또는 녹지로 결정·고시된 토지

체육용지

국민의 건강증진 등을 위한 체육활동에 적합한 시설과 형태를 갖춘 종합운동장·실내체육관·야구장·골프장·스키장·승마장·경륜장 등 체육시설의 토지와 이에 접속된 부속시설물의 부지. 다만, 체육시설로서의 영속성과 독립성이 미흡한 정구장·골프연습장·실내수영장 및 체육도장과 유수(流水)를 이용한 요트장 및 카누장 등의 토지는 제외한다.

유원지

일반 공중의 위락·휴양 등에 적합한 시설물을 종합적으로 갖춘 수영장·유선장(遊船場)·낚시터·어린이놀이터·동물원·식물원·민속촌·경마장·야영장 등의 토지와 이에 접속된 부속시설물의 부지. 다만, 이들 시설과의 거리 등으로 보아 독립적인 것으로 인정되는 숙식시설 및 유기장(遊技場)의 부지와 하천·구거 또는 유지[공유(公有)인 것으로 한정한다]로 분류되는 것은 제외한다.

종교용지

일반 공중의 종교의식을 위하여 예배·법요·설교·제사 등을 하기 위한 교회·사찰·향교 등 건축물의 부지와 이에 접속된 부속시설물의 부지

사적지

문화재로 지정된 역사적인 유적·고적·기념물 등을 보존하기 위하여 구획된 토지. 다만, 학교용지·공원·종교용지 등 다른 지목으로 된 토지에 있는 유적·고적·기념물 등을 보호하기 위하여 구획된 토지는 제외한다.

묘지

사람의 시체나 유골이 매장된 토지, '도시공원 및 녹지 등에 관한 법률'에 따른 묘지공원으로 결정·고시된 토지 및 '장사 등에 관한 법률' 제2조 제9호에 따른 봉안시설과 이에 접속된 부속시설물의 부지. 다만, 묘지의 관리를 위한 건축물의 부지는 '대'로 한다.

잡종지

다음 각 목의 토지. 다만, 원상회복을 조건으로 돌을 캐내는 곳 또는 흙을 파내는 곳으로 허가된 토지는 제외한다.

- 갈대밭, 실외에 물건을 쌓아두는 곳, 돌을 캐내는 곳, 흙을 파내는 곳, 야외시장 및 공동우물
- 변전소, 송신소, 수신소 및 송유시설 등의 부지 · 여객자동차터미널, 자동차운전학원 및 폐차장 등 자동차와 관련된 독립적인 시설물을 갖춘 부지
- 공항시설 및 항만시설 부지
- 도축장, 쓰레기처리장 및 오물처리장 등의 부지
- 그 밖에 다른 지목에 속하지 않는 토지

출처 : 토지이음 용어사전

토지 투자를 위해서는 전, 답, 과의 지목인 농지와 '임'이라고 불리는 산지 그리고 '대'라고 불리는 대지 정도만 알아도 충분합니다.

지목에서 중요한 것은 지목에 따라 땅값이 다르다는 사실입니다. 통상 대지가 가격이 가장 높지만, 도시지역에서는 주차장 용지 주유소 용지 등이 더 비쌀 수도 있습니다. 입지와 도로여건 등 여러 가지 요인으로 차이가 날 수 있다는 점은 참고하시고요.

토지 투자에서 중요한 것은 지목변경을 통해서 땅값을 올릴 수 있다는 사실입니다. 이 개념은 개발행위허가라는 것을 조금 이해하셔야 합니다. 예를 들어 도시지역 내에 소재하는 용도지역이 주거지역인 농지를 대지로 지목변경한 후 상가주택이나 다가구주택을 건축한다면 땅값은 크게 오르겠지요. 또는 비도시지역의 계획관리지역 지목이 '임'인 토지를 개발행위허가를 받아 공장용지인 '장'으로 변경할 경우에는 3~5배 정도의 지가상승을 기대할 수 있습니다.

이 두 가지 사례에서 보면 지목이 변경되면 땅값이 상승한다는 사실을 알 수 있습니다. 하지만 중요한 것은 단순히 지목변경해서 상승했다고 하기 어렵다는 점입니다. 개발행위허가나 건축허가 등을 받기 위해, 농지면 농지전용허가를 받고, 산지면 산지 전용허가를 받아서 그 땅 위에 건축할 수 있는 용도를 변경하거나 건축을 실행한 후 비로소 마지막에 지목변경이라는 서류절차가 이루어진다는 사실에 주목해야 합니다. 그래서 지목변경을 통해 땅값이 올라간다는 의미는 토지가 적법한 개발 과정을 거치면 땅값이 상승하고, 그 결과로 지목이 바뀐다고 이해하시면 쉬울 것 같습니다.

토지 개발의 분야는 확실히 토지 투자로 돈을 벌 수 있는 분야입니다. 지금 이 책을 보는 분들도 궁극적으로 토지 개발을 해야만 단기간 많은 돈을 벌 수도 있고, 부가가치가 높은 토지 투자로 수익을 끌어올릴 수 있습니다.

통상 토지 개발은 지목이 전, 답, 과인 농지와 임야인 산지를 매입해서 그 용도를 바꾸거나 건축을 해서 차익을 남기고 파는 방법입니다. 아마도 농지와 산지 개발에 관한 내용만 책으로 쓰면 책 한 권에 다 담지 못할 정도로 방대하고 재미도 있는 분야입니다. 토지 투자의 꽃이라고 할 수 있습니다. 농지와 산지의 기초적인 공부는 제 유튜브 채널 〈정프로부동산TV〉를 보시면 많은 도움이 될 영상들이 있으니, 참고하시면 좋을 것 같습니다.

용도지역의 개념과 지목의 개념을 설명해 드렸는데 이제 두 가지를 구별할 수 있으시겠지요? 용도지역과 지목을 이해하지 않고는 토지 투자를 할 수 없습니다. 꼭 이 두 가지는 공부해서 내 것으로 만들어야 한다는 점을 잊지 마시길 바랍니다.

토지 투자로
부자 준비하기

🔢 토지 투자 육하원칙

토지 투자를 하는 데, 돈 버는 법칙을 여러분들에게 소개해드리겠습니다. 일명 '토지 투자 육하원칙'이라고 제가 정해봤습니다. 누가, 언제, 어디에서, 무엇을, 어떻게, 왜'. 여섯 가지를 토지 투자에 접목해서 투자하는 방법입니다.

'내가 지금 대한민국에서 토지 투자를 잘하기 위한 원칙이고, 왜 잘해야 하는지?'에 관한 내용입니다. 이 물음에 대한 답은 바로 '경제적 자유'를 위해서입니다. 경제적 자유를 위해서 이제 여러분들은 이 육하원칙을 잘 기억하십시오. 처음부터 팔리지 않을 땅에 투자해서 자금이 묶이거나 심적으로 고생하는 경험을 하지 않으시길 바랍니다. 제가 말씀드린 방법대로 토지 투자를 하신다면, 분명 실패하지 않고 성공하실 수 있다고 확신합니다.

첫째, 토지 투자는 지역 선정을 잘해야 합니다.

저는 단기 투자는 수도권(경기도)과 제주도에서 합니다. 중장기 투자는 지방의 국책사업 개발지역에 투자합니다. 만약 소액 투자를 생각한다면 수도권과 제주도 외에는 보지 마십시오. 소액 토지 투자는 보상받는 투자와 항상 수요가 받쳐주는 곳이 아니면 돈이 묶일 수 있습니다. 이 두 가지 요인을 충족시킬 수 있는 수도권 중 경기도의 개발지역과 제주도의 소액 토지 외에는 찾기 어렵습니다. 다른 곳은 투자하지 마시길 바랍니다.

부동산 가격을 결정짓는 가장 큰 요인은 바로 '수요와 공급'입니다. 특히 토지의 경우 공급이 불가능하다는 특징이 있습니다. 물론 이 공급은 물리적인 것입니다. 예외적으로 새만금개발사업 등 간척사업 등으로 바다를 메우는 등의 경우는 제외하고는 물리적으로 공급을 늘릴 수는 없습니다. 다만 개발이 제한된 토지가 개발이 가능한 토지로 바뀌는 용도변경의 경우가 있지만, 기본적으로 땅은 재생산이 힘듭니다. 공급이 한정되어 있기 때문에 수요가 많아지면 자연스럽게 가격이 상승합니다.

부동산 가격 상승요인 중 제1요인은 인구증가입니다. 사람이 많아지면, 집, 상가, 공공시설 등 증가한 사람들을 위한 건축물이 필요합니다. 이 건축물을 짓기 위한 토지의 수요도 증가합니다.

우리나라 인구의 절반이 서울과 수도권에 삽니다. 땅덩어리는 10분의 1밖에 되지 않는데, 인구의 절반이 사니까 당연히 건축물의 수요가 높고 토지의 수요가 높을 수밖에 없습니다. 솔직히 지방 분권을 말하지만, 현실은 녹록지 않습니다. 대기업들은 수도권을 벗어나지 않으려고 합니다. 되도록 서울과 가까운 경기도에 공장이 있었으면 하고, 사람들도 서울과 가까운 곳에서 살고 싶어 합니다. 지방 분권을 위한 혁신도시가 아직 제대로 정착되지 못한 이유가 바로 이런 이유 때문이지요. 그래서 수도권 땅값은 꾸준히 가격이 상승합니다. 국책사업이나 대기업의 투자 소식이 있는 지역이 생기면, 그 상승은 어마어마합니다.

항상 수요가 있고 땅이 있어야 하는 사람들이 많으므로, 여러분들이 수도권 개발 호재지역에 땅을 사야 합니다. 경기도 용인, 안성, 화성 등 개발 호재가 무궁무진한 곳들이 널려 있습니다. GTX 노선 등 최근 발표된 교통망 개선 호재를 따라가다 보면, 투자할 곳이 너무 많습니다. 그래서 만약 여러분들이 수도권에 살고 계신다면, 그냥 지방은 보지 말고 수도권에서 투자할 땅을 찾으시길 바랍니다. 여러분들이 살고 있는 곳 옆에 조금만 눈을 돌려보면 투자할 곳이 천지인데 굳이 지방까지 볼 이유가 없습니다.

투자는 돈이 몰리는 곳에 하는 것이 맞습니다. 만약 지방에 투자하고 싶다면, 정말 확실히 개발이 진행될 곳, 그런 국책사업의 개발지역에만 투자하시길 바랍니다. 다만 지방에 투자하실 때는 중장기 계획을 보고 투자하셔야 합니다.

지방 토지 투자가 수도권보다 좋은 단 하나의 이유를 꼽으라면 장기 투자를 했을 때, 확실히 수익을 올릴 수 있다는 장점이 있습니다. 어느 정도 자금으로 묵혀둘 수 있고 확실한 투자를 원하는 분들이라면, 지방의 국책사업 대상지에 10년 정도 투자하면 큰 수익률로 돌아올 것입니다.

다만 지방의 토지 투자라도 토지 개발은 예외입니다. 토지 개발은 오히려 땅값이 저렴한 지방 신도시 택지와 도시개발사업지구 택지지구 등에 개발단계에 따라 땅을 사서 건물을 지어서 매도하는 방법 등은 수도권보다 수익이 더 낮고 회전율도 빠를 수 있습니다. 지방도 지역별로 호재가 있고 인구가 유입되는 도시에는 토지 개발로 접근하면 큰돈을 벌 수 있습니다. 제가 말씀드리는 토지 투자는 땅을 사서 땅으로 팔았을 때, 지방보다 수도권이 훨씬 낫다는 의미입니다.

둘째, 땅은 무조건 2차선 이상 도로에 접하고 접한 면이 긴 토지에 투자합니다.

참고로 2차선 도로는 8m 이상의 도로입니다. 지역이 선정되고 나면 개별적인 땅을 보고 판단해봐야 합니다. 용도지역과 지목 등 공법상 부분도 중요하지만, 땅은 생김새가 더 중요합니다. 사람도 잘생기고 예쁜 사람에게 호감이 더 가듯이 땅도 마찬가지입니다. 다만 땅은 잘생김의 그 첫 번째가 도로요건입니다. 제가 좀 전에 말씀드렸다시피 땅의 가치는 땅 자체보다 건축과 개발행위에 따라 그 가치가 정해집니다.

이런 행위를 하기 위한 첫 번째 조건이 도로입니다. 그것도 일반인들이 볼 때 가장 좋아 보이는 2차선 이상의 도로에 접해 있다면 더 좋아 보입니다. 물론 건축법상 도로요건인 4m 이상과 토지에 접한 면이 2m 이상이라도 상관없지만, 1순위는 2차선 이상의 도로에 접한 8m 이상 도로에 접한 토지가 우선 투자 대상입니다. 2순위는 6m 도로고, 3순위는 4m 도로와 접한 토지입니다. 4m 이하의 도로에 접한 토지는 투자 대상에서 제외합니다.

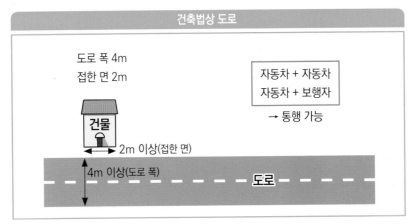

출처 : 저자 작성

보기 좋은 떡이 먹기도 좋다는 속담은 토지 투자에서도 통용됩니다. 그리고 개별 토지의 모양은 장방형 토지가 더 좋습니다. 도로에 접한 면이 길어야만 가치 손상 없이 분할했을 때 더 높은 가격으로 매도할 수 있는 형태의 땅이 바로 장방형 토지입니다. 토지 모양 중 분할 시가장 좋은 것은 가로장방 토지입니다. 전면이 긴 삼각형이면 분할에는 적합하지 않고, 한 필지일 경우 건축을 통해 땅의 핸디캡을 극복할 수 있습니다. 삼각형의 토지는 수요가 많지 않아 협상만 잘하면 시세보다저렴하게 매입할 수 있는 장점이 있는 토지입니다. 제 토지 수익 사례, '못생긴 땅을 건축으로 극복한 사례'를 참고하시길 바랍니다.

제가 토지 투자에서는 면적과 가격의 반비례법칙이 적용된다고 했습니다. 면적이 작으면 가격을 더 받을 수 있고, 면적이 크면 그만큼 가격이 더 싸야 팔립니다. 대형마트에 묶음 상품이 개별 상품보다 더 싼 이유는 토지에도 똑같이 적용됩니다. 따라서 전면이 길고 분할하기 유리한 토지를 사면, 분할해서 팔았을 때 더 높은 가격을 주고 팔 수 있습니

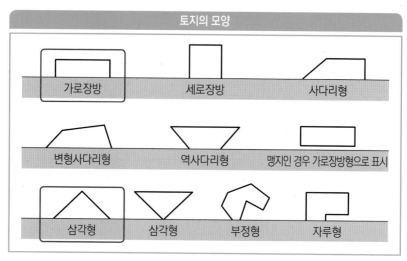

출처 : 저자 작성

다. 따라서 도로에 접한 면이 길고 넓은 토지를 먼저 찾아서 매입해야 돈이 됩니다.

또한, 삼각형 모양의 토지 중 시세가 저렴하고 매도인이 급한 토지를 찾아내서, 건축을 통해 새롭게 변모시켜 매매하는 토지 개발의 개념을 생각해야 합니다. 못생긴 토지를 싸게 사서 멋진 건물로 파는 것은 아주 좋은 방법입니다.

토지는 항상 지금 형상과 모양 그대로만 볼 것이 아니라 향후 개발했을 때 어떤 방향으로 만들어서 팔 것인가를 먼저 생각하고 투자해야 합니다. 따라서 현재 못생겨서 가치를 인정받지 못하지만, 조금 다듬으면 잘생겨지는 땅! 그런 땅이 바로 돈 되는 땅입니다.

셋째, 실수요자가 찾는 토지만 투자합니다.

토지 가격은 투기수요와 실수요가 합쳐져서 오릅니다. 제가 설명했던 토지 투자 가격상승 5단계 법칙에 보면 1단계 상승은 투기수요가 끌어 올리고 개발단계가 상승할수록 실수요가 같이 가격을 끌어올린다고 말씀드렸습니다. 그렇다면 실수요 용도의 토지는 무엇일까요?

실수요 용도 1
• 집을 짓는 용도
• 상가건물을 짓는 용도
• 꼬마빌딩을 짓는 용도
• 공장을 짓는 용도
• 창고를 짓는 용도

실수요 용도 2
• 농사를 짓는 용도
• 묘지를 만들기 위한 용도
• 산을 사서 버섯재배를 위한 용도

여러분들은 실수요 용도의 차이를 아시겠습니까?

건물을 짓는 용도의 실수요와 건물을 짓는 용도가 아닌 실수요의 차이. 실수요 용도는 도시가 아닌 지역이 도시로 바뀌거나, 교통이 안 좋았던 지역에 교통망이 개선되는 지역에 각종 건축의 수요가 생깁니다. 그 수요로 인해 생기는 수요가 바로 실수요입니다.

간단히 말하면 인구의 증가로 인한 수요의 증가가 토지 투자에서 말하는 실수요입니다. 신도시 초기 일반주거지에 근로자들의 수요가 있는 원룸 건물 용지나 상가 용지 등이 대표적인 실수요용 토지라고 보시면 됩니다. 고속도로 IC 인근의 물류창고 용지와 공장지원시설 용지 등도 실수요 용도입니다. 이런 내용을 알면 어떤 토지에 투자해야 할지 머릿속에 정리가 될 것입니다.

넷째, 땅은 절대 정상가격에 사지 않습니다.

여러분들은 땅의 시세를 스스로 매길 수 있습니까? 제가 현장에서 받는 질문 중 가장 많은 질문 중의 하나가 바로 "이 땅의 적정 시세는 얼마 정도 됩니까?"라는 질문입니다.

여러분들은 '감정평가가격'이란 용어를 들어보셨을 것입니다. 보통 경매나 공매 시에 감정평가를 받는데, 그 가격이 시세일까요? 감정평가 가격도 은행에서 대출 용도로 받는 가격과 법원에서 경매 용도로 받는 가격이 차이가 납니다. 대출 용도의 감정평가가격은 상당히 보수적이며 감정 가격이 낮습니다. 경매 용도의 감정평가가격은 상당히 느슨하고 감정가격이 높습니다. 심지어 그 편차가 상당히 벌어지는 경우도 많습니다.

말 그대로 감정가격은 감정가격일 뿐입니다. 아파트나 상가 시장에서는 통용될 수 있지만, 땅에서는 감정가격이 시세일 수 있다는 것에 동의하기 어렵습니다.

여러분들이 지금 사는 아파트는 시세를 알고 있습니다. 똑같은 모양이고 층수에 따라 가격 편차가 있고 앞동과 뒷동에 따라 가격 편차가 있지만, 비교적 정확히 시세를 알고 있습니다. 적어도 내가 사는 아파트나, 살아본 아파트는 과거와 최근 거래사례 등을 통해 비교적 정확한 시세가 존재합니다.

그런데 땅은 어떨까요? 땅은 앞 동과 뒷동이 없고, 고층과 저층도 없습니다. 면적도 다 다릅니다. 100평짜리 옆에, 1,000평짜리도 있고 모양도 다 다릅니다. 도로여건과 경사도 다르고 모양새도 다릅니다.

이런 땅을 아파트처럼 시세를 알 수 있을까요? 반대로 땅의 시세를 평가해서 어느 정도 가격을 알고 있다면, 그 가격보다 싸게 사서 정상

2억으로 1년에 10억 버는 토지 투자 기술
120 지금은 땅이 기회다

가격에 팔면 수익이 나겠네요. 땅의 시세를 한마디로 정의하면 매도자와 매수자의 가격이 일치하는 지점이 바로 그 땅의 시세입니다. 매도자가 시장에 내놓은 가격은 그냥 호가일 뿐입니다. 매수자가 원하는 가격은 아니라는 의미입니다. 그 땅의 수요와 공급, 공법적 규제부터 개발요인과 주변의 거래량과 가격 향후 발전 가능성 등 엄청나게 많은 요인을 분석해서 최종 매도 매수자의 심리적 틈이 조절된 가격! 그 가격이 바로 그 땅의 시세입니다.

제가 좀 거창하게 이야기했지만 실제로 땅을 많이 보고 분석하다 보면, 어느 순간에는 전국에 어떤 땅이라도 시세를 대략 파악할 수 있습니다. 여러분도 당연히 할 수 있습니다. 이렇게 땅의 시세를 스스로 판단할 수 있다면 게임이 끝났습니다. 이제 실행하면 됩니다. 땅을 싸게 사는 방법은 매도자의 개인 사정으로 급매가 나올 때, 매매로 사는 것입니다. 아니면, 경매나 공매로 나온 물건을 유찰되어 싸게 사는 방법도 있고, 면적이 큰 땅을 가격 조율해서 싸게 살 수도 있습니다.

땅을 살 방법은 많습니다. 이 땅의 시세를 아는데 뭐가 걱정됩니까? 이제부터 자신이 알고 있는 땅의 시세보다 싼 땅이 나오면, 기대수익률을 계산해봅니다. 수요자가 있는 토지인지 판단하고, 환금성을 고려해서 투자하면 됩니다. 따라서 여러분들은 토지의 시세를 파악할 수 있는 공부와 경험을 하고, 안목을 길러야 토지 투자에서 성공할 수 있다는 사실을 알았습니다. 그렇다면 이제부터 공부하고 경험하며 투자하면 부자가 되는 것입니다.

다섯째, 살 때든 팔 때든 가격은 내가 결정합니다.

이 개념은 상당히 중요한 개념입니다. 바로 땅은 '환금성이 떨어진다'

라는 개념을 정면으로 반박할 수 있는 개념입니다. 많은 분이 토지 투자를 꺼리는 이유가 '팔고 싶을 때 팔리지 않으면 어떡하지? 땅을 잘못 사면 물리지 않을까?'라는 생각 때문입니다. 저 역시 동의합니다. 땅을 잘못 사면 물리고, 잘 사면 물리지 않지요. 내가 팔고 싶을 때 팔리지 않는 이유는 처음부터 팔리지 않는 땅을 산 것입니다. 결국, 땅을 살 때부터 잘못 사기 때문에 땅을 사기도 전에 이런 걱정이 되는 것입니다.

땅을 사고팔 때 가격을 내가 결정한다는 것은 현재 시장이 매도자 우위 시장이냐, 매수자 우위 시장이냐를 판단하는 능력을 키워서 투자한다는 의미입니다.

예를 들어 아파트 가격 상승기에는 매도자가 갑입니다. 오늘 10억 원에 판다고 했다가 중개사무소에 서로 입금 계좌번호를 달라고 하면 5,000만 원 더 가격을 올립니다. 그러고도 또 계약금 넣겠다고 하면, 이번에는 1억 원을 올립니다. 많이 봐 왔던 모습입니다. 그렇다면 이 매도인만 비난할 수 있을까요? 결국, 부동산 투자는 수요와 공급입니다.

반대로 지금처럼 하락기에는 매수자가 갑입니다. 시장에서 물건을 골라가며 협상할 수 있습니다. 협상만 잘한다면 사정이 더 급한 사람은 더 낮은 가격에도 물건을 팔 것이기 때문에 골라가며 싼 가격에 매물을 잡을 수 있습니다. 토지 시장에서는 기본적으로 개발지역의 토지라는 전제가 있는 상태에서 가격 결정은 개발단계에서의 수요와 공급에서 나옵니다.

어떻게 보면 개발단계별로 매도우위 시장과 매수 우위 시장이 정해져 있습니다. 토지 가격은 개발계획이 발표되었을 때, 한번 크게 상승했다가 보합기를 거쳐서 확정고시가 날 때 또 한 번 크게 상승합니다. 또 보합기를 거쳐서 착공 때 또 한 번 상승하고, 이때부터는 실수요자까지 가세하여 가격과 거래량이 동시에 증가하며 건축 붐과 개발붐을 거쳐 준공 과정으로 갑니다. 보통 개발계획 발표부터 준공까지는 적게는 10배 많게는 100배까지도 땅값이 오릅니다. 수용되지 않은 땅을 기준을 말씀드린 것입니다. 그 과정에서 매도자 위주의 시장도 있고 매수자 위주의 시장도 열립니다. 그래서 땅은 살 때든 팔 때든 그 가격을 내가 결정할 수 있을 때 토지 투자에 성공할 수 있다는 사실 잊지 마시길 바랍니다.

마지막 여섯째, 땅을 사서 다른 용도로 팔면 더 큰 수익이 옵니다.

토지 투자로 돈을 버는 방법 3가지
- 원형지의 땅을 사서 원형지로 팔아서 수익을 내는 방법
- 원형지의 땅을 사서 원형지도 팔되 용도를 변경시켜 파는 방법
- 원형지의 땅을 사서 건물로 되파는 방법

토지 투자로 돈을 버는 방법 중 두 번째, 세 번째 방법이 바로 토지 개발입니다. 땅은 모든 부동산의 근간입니다.

"땅의 가치는 땅이 결정하는 것이 아니라 그 땅 위에 할 수 있는 행위와 지을 수 있는 건축물의 종류가 결정합니다."

제가 항상 강조하는 토지 투자의 원칙입니다. 이 토지 개발에 의한 땅의 개념을 이해하셔야만 토지 투자로 부자가 될 확률이 높습니다.

대기업들이 돈 버는 방법은 사업으로 버는 것과 공장을 지은 곳에 땅값이 올라서 버는 방법입니다. 대기업들이 공장을 지을 때 그 위치를 아무 곳에나 선정할까요? 아닙니다. 향후 땅값 상승을 보고 위치를 선정합니다. 실제로 그렇게 해서 사업소득보다 많은 부동산 소득을 올린

기업들이 허다합니다.

　개인도 그런 경우가 있습니다. 유명한 음식점을 교외로 옮겨서 장사가 잘되는 경우 그 주변 땅값이 오르거나, 야외 골프연습장이 들어서고 유동 인구가 많아져서 그 인근 땅값이 올라가는 예도 있습니다. 자연녹지지역의 전답 농지를 매수해서 야외 골프연습장, 즉 체육시설로 용도변경하면 그 토지의 가치는 크게 상승할 것입니다. 다음 자료 사진은 실제로 도시지역 자연녹지지역 농지를 매수 후 체육시설로 용도변경한 사례며, 이후 주변 땅값은 2배가량 상승했습니다.

출처 : 저자 작성

출처 : 카카오맵

새로 생길 고속도로 IC 인근의 계획관리지역 과수원인 농지를 사서 공장을 할 수 있는 지목인 '장'으로 용도변경을 하면 그 토지의 가치는 크게 상승할 것입니다. 바로 제가 두 번째 말씀드렸던 원형지를 사서 용도를 변경시킨 경우입니다. 신도시 초기에 저렴한 주거지역의 농지를 사서 용도변경 후 상가주택을 건축해서 매각하면, 매매 차익도 볼수 있고 양도소득세도 합법적으로 절세할 수 있습니다. 제가 말씀드린 원형지를 사서 건물도 되파는 방법입니다.

원형지를 사서 건축 후 되파는 방법

출처 : 저자 작성

이렇게 토지 투자로 돈 버는 육하원칙을 말씀드렸습니다. 토지 투자는 진입장벽이 높은 시장입니다. 하지만 진입만 하면 블루오션입니다. 토지 투자는 철저히 실력에 의해 결정됩니다. 끊임없이 공부하고 경험하며 투자해야 합니다. 또 공부하고 경험하며 투자하는 것을 반복하는 와중에 실력이 쌓이고 수익도 쌓입니다. 고정관념에 틀어박힌 사람보다는 상상력이 풍부한 사람이 성공할 확률이 높습니다. 항상 관심을 가지고 고민하고 연구하는 사람들에게 더 큰 기회가 오는 시장입니다. 제가 말씀드린 이 육하원칙을 잘 기억하셔서 적용한다면, 여러분들도 토지 투자에서 성공 확률이 확실히 높아질 것입니다.

② 토지이음만 알아도 50%는 성공

예전보다 요즘은 인터넷의 발달로 토지 투자를 할 수 있는 환경이 많이 좋아졌습니다. 인터넷으로 투자할 땅을 찾고 공부상 서류확인 및 현황 로드뷰 확인 등 흔히 손품이라고 하는 검색과 서류확인 과정이 책상 앞에서 원스톱으로 가능해진 시대입니다. 많은 정보가 국가 공공기관 홈페이지를 통해 공개되고, 예전에는 일일이 관공서에 찾아가서 발급받아서 확인하던 사항들을 간단히 컴퓨터와 휴대전화로 확인할 수 있는 시대가 되었습니다.

그중에서도 토지이용규제정보서비스와 도시계획정보시스템을 통합한 '토지이음'은 일반인들이 토지 투자를 하는 데 있어 필수적인 웹사이트입니다. 대부분의 공법적 규제사항을 확인할 수 있습니다. 토지이음에서 현장 임장하기 전 내가 투자할 땅을 일차적으로 분석하고 투자할지, 말지를 판단할 수 있습니다.

토지이음에서는 지목, 면적, 개별 공시지가, 용도지역, 용도지구, 용도구역, 각종 행위 제한 등 무수히 많은 토지의 규제 관련 사항들을 확인할 수 있습니다. 이런 규제를 통해 내가 투자할 수 있는 토지인지, 아닌지를 책상 앞에서 먼저 일차적으로 거를 수 있게 됩니다.

토지이음에서 확인할 수 있는 내용

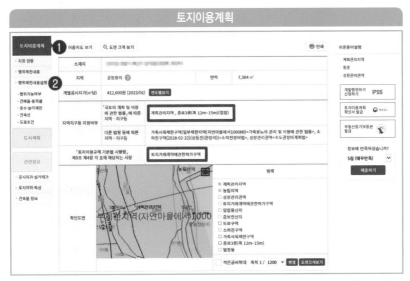

토지이음 첫 화면에서 내가 검색하고자 하는 지번을 입력하면 앞의 화면이 나옵니다. 이 화면에서 기본적인 토지의 여러 공법적 사항을 볼 수 있습니다. 지목, 면적, 개별 공시지가(연도별), 용도지역, 용도지구, 용도구역, 다른 법령 등에 따른 지역, 지구, 확인되면 등을 확인합니다. 더 자세한 지도는 앞의 지도 1번으로 표시된 '이음지도 보기'를 클릭해서 들어가서 보면 됩니다.

인접해 있는 필지들과의 경계와 도면 국토계획법에 따른 지역 지구를 색상 별로 볼 수 있습니다. 각종 지구단위계획구역 개발행위허가제한지역 등의 용도구역도 표시되어 있습니다. 개발법령에 따른 지역 지구 등, 도 색상 별로 볼 수 있습니다. 또한, 도시계획시설인 도로의 폭과

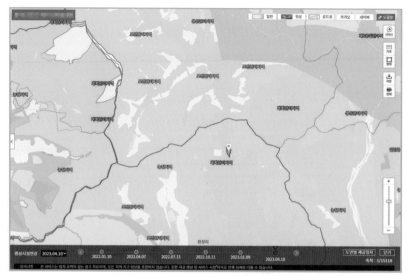

출처 : 토지이음

녹지 공원들도 볼 수 있습니다. 왼쪽 위(자료 사진 2번 표시 부분) 토지이용
계획 아래 행위 제한내용설명으로 들어가면 각종 제한 내용을 볼 수 있
습니다.

행위 가능 여부

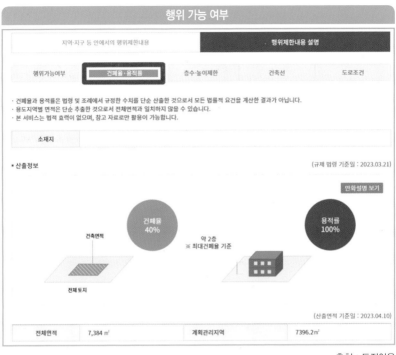

출처 : 토지이음

건폐율과 용적률

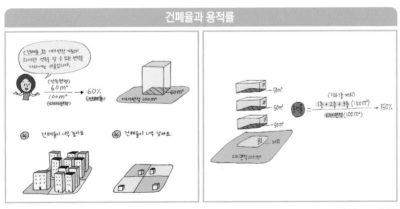

출처 : 토지이음

층수 높이 제한

지역·지구 등 안에서의 행위제한내용	행위제한내용 설명

행위가능여부	건폐율·용적률	**층수·높이제한**	건축선	도로조건

· 높이제한 정보는 법령 및 조례에서 규정한 수치를 단순 산출한 것으로서 모든 법률적 요건을 계산한 결과가 아닙니다.
· 본 서비스는 법적 효력이 없으며, 참고 자료로만 활용이 가능합니다.

소재지	경기도 용인시 처인구 남사읍 완장리 14 (도로명 주소 : 경기도 용인시 처인구 처인성로 1070)

▪ 규제사항

　　※ 일조권 높이제한 관련 규제사항이 없습니다. 보다 자세한 사항은 해당 지자체로 문의하시기 바랍니다.

- 도시계획 높이제한 　　　　　　　　　　　　　　　　　　　　　　　　　(규제 법령 기준일 : 2020.05.15)

용도지역	제한규정	조건
계획관리지역 (조례)	4층 이하	

▪ 규제 법령

근거법령
계획관리지역 용인시 도시계획 조례 별표19(계획관리지역 안에서 건축할 수 없는 건축물)　　　　　　[새창보기]

출처 : 토지이음

건축선

지역·지구 등 안에서의 행위제한내용	행위제한내용 설명

행위가능여부	건폐율·용적률	층수·높이제한	건축선	도로조건

· 아래 그림은 이해를 돕기 위한 예시이며 모든 법률적 요건을 반영한 결과가 아닙니다.
· 건축선이 따로 지정된 경우에는 해당 건축선 규정에 따르므로, 지자체에 문의하시기 바랍니다.
· 본 서비스는 법적 효력이 없으며, 참고 자료로만 활용이 가능합니다.

▪ 규제사항   만화설명 보기

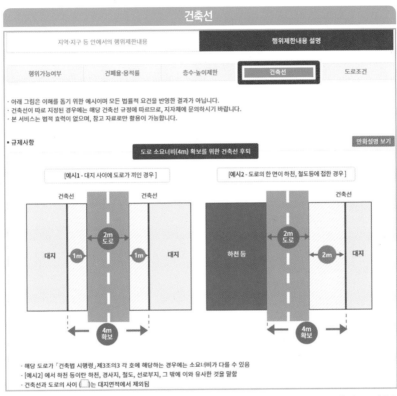

- 해당 도로가 「건축법 시행령」제3조의3 각 호에 해당하는 경우에는 소요너비가 다를 수 있음
- [예시2] 에서 하천 등이란 하천, 경사지, 철도, 선로부지, 그 밖에 이와 유사한 것을 말함
- 건축선과 도로의 사이 (⬜)는 대지면적에서 제외됨

출처 : 토지이음

도로조건

지역·지구 등 안에서의 행위제한내용				행위제한내용 설명
행위가능여부	건폐율·용적률	층수·높이제한	건축선	**도로조건**

- 도로조건은 법령 규정을 기재한 것으로서 모든 요건을 반영한 결과가 아닙니다.
- 본 서비스는 법적 효력이 없으며, 참고 자료로만 활용이 가능합니다.

▪ 규제사항 (규제법령 기준일 : 2020.01.10)

건축물의 대지	도로에 접하는 길이	접한 도로의 너비 조건
연면적 2천㎡ 미만	대지와 2m 이상 접도	4m 이상 접도
축사 등 조례로 정하는 건축물의 대지		
연면적 2천㎡ 이상 (공장은 3천㎡)	대지와 4m 이상 접도	6m 이상 접도

▪ 규제 법령 (규제법령 기준일 : 2020.01.10)

규제사항	관련법령	
접도요건	계획관리지역 건축법 제3조(적용 제외) 건축법 제44조(대지와 도로의 관계) 건축법 시행령 제28조(대지와 도로의 관계)	새창보기
축사 등 조례로 정하는 건축물의 대지	계획관리지역 용인시 건축 조례 제31조(대지와 도로의 관계의 적용제외)	새창보기

출처 : 토지이음

따라서 토지이음에서 확인할 수 있는 다음 다섯 가지 정보를 통해 알고자 하는 토지의 공법적 규제와 특성을 파악할 수 있습니다.

첫째, 토지이용계획
둘째, 지역지구별 규제법령집
셋째, 도시계획
넷째, 규제안내서
다섯째, 고시정보

③ 땅을 사는 3가지 방법

토지 투자를 위한 기본적인 준비가 되었다면 이제 땅을 사는 방법에 대해 알아보겠습니다. 땅은 어떻게 살까요? 땅을 사는 방법에는 매매, 경매, 공매, 3가지 방법이 있습니다.

첫째, 매매입니다.

보통 여러분들이 땅을 거래할 때는 중개사무소를 통해서 거래합니다. 중개사무소를 가기 전에 투자 지역이 선정되면 요즘은 인터넷으로 매물정보를 먼저 검색한 후 그 매물을 올린 중개사무소로 전화를 합니다. 통화해보고 약속을 잡아서 가보는 경우가 대부분입니다. 전화문의를 할 때는 투자 금액과 대출을 포함했을 때 최대 투자 금액을 함께 이야기해주면 좋습니다. 보통 중개사무소에서는 1억 원 이하의 물건은 잘 취급하지 않으려고 합니다. 공인중개사에게 돈이 안 되기 때문입니다. 토지의 중개보수는 매매가격의 0.9%가 상한선이어서 1억 원짜리를 거래하면 한 편으로 90만 원 정도밖에 되지 않으니 잘 취급하지 않으려고 합니다. 1억 원짜리 오피스텔 전세 거래도 똑같이 90만 원이니 공인중개사의 처지도 이해가 가기는 합니다.

그렇다고 여러분들은 1억 원 정도의 땅을 포기하시겠습니까? 중개사 관점에서 돈이 될 수 있겠다는 희망을 주시면 가능합니다. 예를 들어 최근에 반도체 클러스터 부지 발표가 난 용인시 남사읍의 경우, "3~4억 원 정도 물건을 추천해줄 수 있을까요?"라고 물어보신다면 아마도 "그 금액으로 살 수 있는 땅은 없을 것입니다"라고 할 것입니다.

★중개보수 요율표(공인중개사법 시행규칙 공포·시행, 2021.10.19)

부동산 중개보수 요율표

주택(주택의 부속토지, 주택분양권포함)
(2021.10.19 시행)
공인중개사법 시행규칙 제20조제1항, 별표1)

거래내용	거래금액	상한요율	한도액	중개보수 요율결정	거래금액 산정
매매·교환	5천만원 미만	1천분의 6	25만원	▶중개보수는 거래금액 × 상한요율 이내에서 결정 (단, 이때 계산된 금액은 한도액을 초과 할 수 없음)	▶매매 : 매매가격 ▶교환 : 교환대상중 가격 이 큰 중개 대상물 가격 ▶분양권 :거래당시까지 불입한 금액(융자 포함) +프리미엄
	5천만원 이상 ~2억원 미만	1천분의 5	80만원		
	2억원 이상 ~9억원 미만	1천분의 4	없음		
	9억원 이상 ~12억원 미만	1천분의 5	없음		
	12억원 이상 ~15억원 미만	1천분의 6	없음		
	15억원 이상	1천분의 7	없음		
임대차등 (매매·교환 이외)	5천만원 미만	1천분의 5	20만원	▶중개보수는 거래금액 × 상한요율 이내에서 결정 (단, 이때 계산된 금액은 한도액을 초과 할 수 없음)	▶전세 : 전세금 ▶월세 : 보증금 + (월차임액×100) 단, 이때 계산된 금액이 5천만원 미만일 경우 : 보증금 + (월차임액×70)
	5천만원 이상 ~1억원 미만	1천분의 4	30만원		
	1억원 이상 ~6억원 미만	1천분의 3	없음		
	6억원 이상 ~12억원 미만	1천분의 4	없음		
	12억원 이상 ~15억원 미만	1천분의 5	없음		
	15억원 이상	1천분의 6	없음		

오피스텔
(2015.1.6 시행)
공인중개사법 시행규칙 제20조제4항)

적용대상	거래내용	상한요율	보수 요율 결정 및 거래금액 산정
전용면적 85㎡이하, 일정설비 (전용입식 부엌,전용수세식 화장실 및 목욕시설 등)를 갖춘 경우	매매·교환	1천분의 5	「주택」과 같음
	임대차 등	1천분의 4	
위 적용대상 외의 경우	매매·교환 ·임대차 등	1천분의 ( )이내	▶상한요율 1천분의 9 이내에서 개업공인 중개사가 정한 좌측의 상한요율 이내 에서 중개의뢰인과 개업공인중개사가 서로협의하여 결정함

주택·오피스텔 외(토지,상가 등)
(2015.1.6시행)
공인중개사법 시행규칙 제20조제4항)

거래내용	상한요율	중개보수 요율결정	거래금액산정
매매·교환·임대차 등	거래금액의 1천분의 ( ) 이내	▶상한요율 1천분의 9이내에서 개업 공인중개사 가 정한 좌측의 상한요율 이내에서 중개의뢰인 과 개업공인중개사가 서로 협의하여 결정함	「주택」과 같음

※ 개업공인중개사는 「오피스텔(전용면적 85㎡ 이하로 일정설비를 갖춘 경우 제외)의 매매·교환·임대차」,
「주택·오피스텔 외(토지,상가 등)의 매매·교환·임대차」에 대하여 각각 법이 정한 상한요율의 범위 안에서 실제로 받고자 하는 상한요율을 의무적으로 위 표에 명시하여야함
※ 중개보수는 거래금액의 상한요율 이내에서 중개의뢰인과 개업공인중개사가 서로 협의하여 결정함
※ 위 중개보수에 「부가가치세」는 별도임

출처 : 한국공인중개사협회

지금은 토지거래허가구역으로 묶였지만, 개발계획 발표 후, 통상 1주일 정도의 시간 뒤에 규제지구가 됩니다. 그 1주일을 잘 활용했다면 토지는 매입할 수도 있었겠지요. 이런 경우 포기하지 마시고 중개사무소 여러 곳에 전화해봅니다. 그러면 그중에서도 좀 더 열정적으로 상담해주는 곳을 찾을 수 있을 것입니다. 그 중개사무소는 꼭 현장방문을 가시길 바랍니다. 이렇게 전화 품을 팔고 괜찮게 상담해준다 싶으면, 직접 찾아가는 발품을 팝니다. 그러다 보면 어느 순간 괜찮은 물건을 발견할 수 있습니다. 발견했을 때는 주저 없이 투자하는 실행력을 발휘하십시오. 매매를 통해 소액 토지 투자 물건을 발견하기는 쉽지 않습니다. 하지만 공인중개사를 내 편으로 만들고 부지런히 찾다 보면 가능할 것입니다. 만약 이번 용인시 남사읍 반도체 클러스터 발표지역의 경우처럼 수도권 일대에 몇백만 원에서 몇천만 원짜리 토지를 미리 보유하고 있었다면 어땠을까요? 지금처럼 개발계획이 발표되고 갑자기 땅값이 치솟았는데 매물이 없을 때, 처분하면 돈이 되겠지요. 그렇다면 선점해놓으면 되겠네요. 경매라면 그렇게 할 수 있습니다.

둘째, 경매입니다.

경매를 통해 땅을 살 수 있다는 사실은 다들 알고 있습니다. 일반 매매에서는 내가 원하는 지역의 땅을 살 수 있다는 장점이 있습니다. 경매는 나와 있는 물건 중에 수익이 날 물건을 스스로 찾아서 투자한다는 차이점이 있습니다.

경매를 통한 토지 투자의 가장 큰 장점은 소액 투자가 가능하고, 낙찰금액의 80%까지 경락자금 대출이 된다는 것입니다. 1억 원짜리 토지를 낙찰받는다면, 세금까지 다해서 2,500만 원 정도만 있으면 됩니다. 경매에서는 몇백만 원짜리 토지도 있고 몇천만 원짜리 토지도 많습니다. 일반 중개사무소에서 잘 취급하지 않는 1억 원 이하의 소액 토지와 지분 토지 투자가 가능합니다. 특히 서울과 수도권의 접근성 좋고 도로망 개선 호재와 대기업의 투자 지역 등을 고려해 땅을 찾아보면, 의외로 괜찮은 땅을 찾을 수도 있습니다.

요즘은 경매 정보지도 많고 경매 유료 사이트도 많이 있어서, 예전보다 권리분석과 물건을 보기가 훨씬 쉬워졌습니다. 그만큼 일반인들이 경매에 참여하는 확률도 높고 낙찰도 많이 받습니다. 특히 주택 경매와는 다르게, 토지 경매는 임차인이라는 개념이 거의 없으므로 권리분석이 어렵지 않습니다. 특수물건인 법정지상권이나 유치권, 제시외 매각 등은 천천히 공부해서 나가면 됩니다. 우선은 토지의 가치판단과 시세분석이 더 선행되어야 합니다. 그래야 경매로 나온 물건이 어느 정도 시세가 되는지, 가치판단을 할 수 있고 내가 입찰할 가격을 스스로 정할 수 있습니다. 따라서 경매로 토지를 매입하기 위해서는 내가 투자할 수 있는 자금을 정하고 그다음 투자 지역을 선정합니다. 이후로 적당한 물건들을 관심목록에 넣어두고, 관련 서류를 발급받아서 분석합니다. 분석이 끝나면 임장을 합니다.

임장 시 주변 중개사무소에 들러 시세도 확인해 보고 주변 개발정보나 도움이 될 정보를 탐문합니다. 가능하면 내가 낙찰되면 시세차익이 어느 정도 될지도 예상해봅니다. 입찰에 관한 판단이 서면 입찰해서 낙찰받으면 됩니다. 처음부터 바로 낙찰되는 경우는 쉽지 않습니다. 뭣모르고 높은 금액을 적는다면 낙찰되겠지만 말입니다. 패찰을 여러 번 하다 보면 그 경험이 엄청난 도움이 됩니다. 처음에는 모의 투자도 괜찮은 방법입니다.

셋째, 공매입니다.

공매도 경매처럼 소액으로 투자할 수 있는 장점이 있습니다. 공매와 경매의 가장 큰 차이점은 경매는 돈을 못 갚아서 나온 물건이고, 공매는 세금을 체납해서 나온 물건입니다. 따라서 권리관계는 공매 물건이 훨씬 분석하기 쉽고 매각절차가 경매보다 공매가 훨씬 빠릅니다. 경매는 보통 한 달 단위로 20%씩 감소하는데, 공매는 1주일 단위로 10%씩 감소하기 때문에 좀 더 빠르게 진행됩니다. 또한, 공매도 경매와 마찬가지로 보통 감정평가를 받은 후 수개월이 지난 뒤 공매 입찰이 되다 보니 감정가격이 현재 시세를 뒷받침하지 못하는 상황이 발생해서 시세보다 더 싸게 땅을 매입할 수 있는 장점이 있습니다.

	매매, 경매, 공매의 간략한 차이점		
구분	매매	경매	공매
장점	• 원하는 지역에 토지 매수 가능 • 자금여력이 된다는 가정하에 가장 빠른 매수 가능	• 감정가격과 현재 시세 차이로 싸게 취득 가능 • 감정평가사를 통한 감정평가로 땅에 대한 객관적 정보 취득이 가능 • 매도인이 결정한 가격이 아니라 스스로 결정한 가격으로 취득이 가능	• 권리분석이 비교적 쉬움. • 온라인 입찰로 편리함. • 경매보다 빠른 입찰
단점	• 원하는 지역에 원하는 가격으로 매수가 어려움. • 시세보다 싼 급매를 찾기 위해 많은 노력이 필요함.	• 경쟁률 증가 • 경매 진행 과정 기간이 김. • 입찰 시 해당 경매 법원에 가야 하는 번거로움이 있음. • 권리분석 실패 시 위험함.	• 경매보다 물건이 적음. • 소유권 이전까지 오래 걸림.
주관	공인중개사 및 개인	법원	캠코

출처 : 저자 작성

4 세후 수익이 진짜 수익

2018년 즈음에 연예인 이효리 씨는 당시 인기 있던 프로그램 〈효리네 민박〉을 촬영했던 집을 14억 3,000만 원(3.3㎡당 150만 원)에 매각했습니다. 2012년에 토지 매입금액으로 3.3㎡당 8만 원 정도에 매입했으니, 주택 건축비용을 빼고 땅값만 봤을 때 6년 만에 10배 정도 오른 것입니다. 촬영 후 그 당시 JTBC 촬영으로 인해 위치가 노출되고 사생활 침해 등으로 더 거주할 수 없을 정도로 피해를 봐서 방송사에서 매입한 것으로 추정됩니다. 당시 너무 비싸게 매입해줬다는 등 여러 논란이 있었는데 그 이후 놀랄만한 일이 또 있습니다. 바로 2021년에 JTBC는 해당 부동산을 제주도에 있는 농업법인에 25억 원을 받고 매각했다는 것입니다. 3년 만에 10억 원의 차익을 남기고 말입니다. 현재는 '소길 별하'라는 상호로 예약제로 운영되고 있다고 합니다.

여러분들은 이 이야기에서 어떤 점을 느끼시나요? 단순히 10배 차익 또는 10억 원 차익이 눈에 들어오시나요? 이효리 씨의 부동산 매각에서 세법상 우리가 생각해봐야 할 것들이 있습니다. 토지의 취득원가가 8,000만 원 정도로 추정되고, 매각을 14억 3,000만 원에 했으니 주택 가격 6억 3,000만 원 정도(추정)를 뺀 7억 2,000만 원의 양도차익이 발생했습니다.

첫째, 토지로 매입해서 주택을 건축했기 때문에 비사업용 토지에서 사업용 토지로 변경되었기에 세법상 중과세 10%를 적용받지 않았습니다.

둘째, 소득세법상 주택의 부수 토지 용도지역별 적용 배율에서 비도시지역의 관리지역은 7배까지입니다. 주택바닥 면적이 100평이라면 그 7배인 700평까지의 토지 면적은 주택의 부수 토지로 인정해 주어 주택의 양도소득세를 적용합니다.

만약 이효리 씨 부부가 그 당시 무주택 세대였다면 그 당시 기준의 고가주택 기준인 9억 원을 초과한 금액에 대한 양도소득세만 내면 됩니다. 그렇다면 토지로 매각했을 때보다는 적은 양도소득세를 냈을 것입니다(일반적인 추론입니다). 또한 토지 위에 건축하지 않고 토지로 매각했다면, 양도차익이 13억 5,000만 원이 됩니다. 비사업용중과세 10%가 추가 과세해서 60% 정도가 양도소득세로 나옵니다.

셋째, 14억 3,000만 원에 매입했던 방송사가 채 3년이 되지 않은 시점에 차익 10억 원을 남기고 농업법인에 매각했습니다. 그런데 JTBC는 법인이기 때문에 양도소득세라는 개념이 없는 법인세를 냅니다. 법인세의 최고 세율은 그 당시 과세표준 2억 원 이상은 20%의 세율이기 때문에 2억 원의 법인세만 내면 되었습니다. 2023년부터는 19%로 인하되었습니다.

단순히 부동산 투자로 10배를 벌었다, 10억 원을 벌었다도 중요합니다. 하지만 이 사례에서 우리가 주목해야 할 점은 실제로 내 손에 쥐는 수익이 얼마인지 세금을 고려한 세후 수익의 개념을 항상 염두에 두고 부동산 투자를 해야 한다는 사실입니다. 따라서 절세를 통해서 실질적인 투자 수익률을 올리는 방법을 알고 연구해야 합니다. 그러기 위해서는 토지 투자에서 가장 많은 부분을 차지하는 양도소득세를 합법적으로 절세하는 방법을 알아야 합니다. 우선 사업용 토지가 어떤 토지인지 알아보겠습니다.

토지가 비사업용인지 아닌지를 판단하는 방법은 3가지 단계가 있습니다.

1단계 : 토지 지목을 확인합니다. 농지라면 농지에 맞게, 임야라면 임야에 맞게 사용되는지 판단합니다.

2단계 : 보유 기간에 사업용 토지였던 기간이 얼마나 되는지 확인합니다. 다음 중 하나 이상 해당하는 기간 사업용으로 사용되었다면 비사업용 토지가 아닙니다.

- 양도일 직전 3년 중 2년 이상
- 양도일 직전 5년 중 3년 이상
- 보유 기간에 60% 이상

3단계 : 1, 2단계에 맞게 실제로 사용되었는지 판단합니다.

가장 많은 부분을 차지하는 것은 농지, 임야, 주택의 부속 토지인데요. 각각의 구체적인 조건을 충족시킨다면 비사업용 토지를 사업용으로 인정받을 수 있습니다. 사업용 토지는 보유 기간을 그대로 인정받을 뿐 아니라 세율도 비사업용 토지보다 10%나 적습니다. 실제로 계산을 해보겠습니다.

A씨는 2008년 6월에 1억 원을 주고 토지를 매입했습니다. 15년이 지난 2023년 5월에 이 땅을 매매하려고 합니다. 그 사이에 시세가 올라서 양도액이 12억 원, 필요경비가 1억 원이 되어 양도차익은 10억 원이 되었습니다.

사업용 토지일 경우

12억 – 2억(15년 보유 장기보유특별공제 30%) – 250만 원(기본공제) = 6억 9,750만 원

▶ 과세표준

6억 9,750만 원 × 42% – 3,540만 원(누진공제) = 2억 5,775만 원

비사업용 토지일 경우

12억 – 2억(15년 보유 장기보유특별공제 30%) – 250만 원(기본공제) = 6억 9,750만 원

▶ 과세표준

6억 9,750만 원 × 52% – 3,540만 원(누진공제) = 3억 2,730만 원

양도소득세율에서 10%의 차이가 나다 보니, 결과적으로 내야 할 세금 차이가 크다는 것을 확인하실 수 있는데요. 비사업용 토지를 가지고 계신다면 사업용으로 전환하는 것이 현명한 방법이겠지요? 사업용과 비사업용의 판단 기준은 결국 지목대로 사용하고 있는가의 여부입니다. 전답을 농사짓지 않고 보유만 하면 비사업용이 됩니다. 만약 농어촌공사의 농지은행에 위탁해서 8년이 지나면 사업용 토지가 됩니다.

나대지를 보유한 경우 양도차익이 많을 경우는 앞에 설명했던 주택의 부수토지 용도지역별 적용 배율을 이용합니다. 조립식 주택 건축 등을 통해 주택으로 만들어 매도한다면, 나대지를 주택의 부수토지로 절

세를 할 수 있습니다. 또한, 도심의 나대지는 주차장으로 용도를 변경하면 지원금도 받을 수 있고 비사업용 토지도 피할 수 있는 좋은 방법의 하나입니다.

PART
03

토지 분석하기

땅! 이렇게 분석하라
(서류 편)

1 공법 규제사항 확인하기

투자 지역과 투자 물건이 선정되면 이제 구체적으로 토지를 분석해봐야 합니다. 많은 분이 서류검토 단계에서 땅 투자를 어려워합니다. 특히 스스로 물건에 대한 셀프 분석이 되지 않는 경우는 차라리 투자하지 않는 것이 낫습니다. 일단 내가 어느 정도 물건에 대해서 알아야 확신도 들고 타이밍도 잡을 수 있습니다. 내 소중한 돈을 지키기 위해 스스로 서류를 파악하고 검토하는 습관을 들이시길 바랍니다. 최소한 이 정도가 안 되시면, 좀 더 공부하거나 모의 투자를 해보고 확신이 들 때 시작하길 바랍니다. 그리고 궁금한 부분이나 모호한 내용은 거래하는 공인중개사나 전문가에게 도움을 받으시면 됩니다.

서류검토의 첫 번째는 이 땅의 공법적 규제사항 확인입니다. 제가 앞장에서 설명해 드렸던 토지이음 사이트를 통해 이 땅의 공법적 규제사항을 검토하는 단계입니다.

토지의 경우 토지이용계획열람을 통해 용도지역, 지구 및 규제사항을 확인해보고 주변의 실거래 금액 비교와 인근 토지의 호가를 통해서 땅의 시세를 파악해봅니다.

그리고 주변의 개발상황과 향후 개발계획을 알아봅니다. 국토종합계획 또는 도시기본계획, 관리계획, 세부적으로는 도로 계획 등을 통해 이 땅의 향후 개발 가능성 및 지가 상승을 종합적으로 검토해서 보유기간과 향후 매도 타이밍 등을 분석해봅니다.

토지 투자는 여러 가지 사항을 종합적으로 판단해서 투자해야 하는 종합예술입니다. 입지만 좋아서도 안 되고 모양만 좋아서도 안 됩니다. 나의 투자 방향과 맞는 용도지역의 땅이어야 하고 개발행위나 건축까지 생각한다면, 규제도 생각하고 서류 분석을 해야 합니다. 임장하기 전 서류 검토 단계에서 탈락하는 땅은 임장을 갈 필요도 없습니다. 더 자세히 말씀드리면 임장을 나갈 만한 물건을 고르는 절차가 바로 서류 분석 단계라고 생각하면 됩니다.

2 도로와 배수로 확인하기

토지 투자를 위해 토지를 선정할 때 가장 중요한 요소는 도로입니다. 따라서 서류 분석 시에 도로 여부는 꼭 살펴야 합니다. 도로법에서 도로는 폭 4m 이상이며, 도로에 접하는 면이 2m 이상이 되어야 건축허가가 납니다.

지도상으로 볼 때, 이 토지에 도로가 있는지를 살펴봐야 합니다. 도로가 있다면 건축법상 도로로 지정공고 요건을 갖추고 있는지 확인해야 합니다.

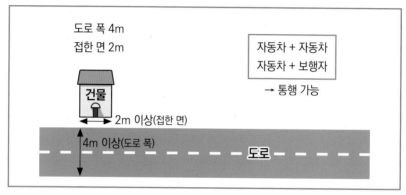

도로 폭 4m
접한 면 2m

자동차 + 자동차
자동차 + 보행자
→ 통행 가능

건물

2m 이상(접한 면)

4m 이상(도로 폭)

도로

출처 : 저자 작성

또한, 임야의 경우는 대부분 지적도상 도로가 없는 경우가 많습니다. 하지만 현황상 도로가 존재하는 때도 있습니다. 이 현황상 도로를 활용할 수 있는지를 판단해야 합니다. 지자체 도로과의 도로관리대장를 확인해서 그 도로가 등록도로인지, 현황도로인지, 사도인지 점검해봐야 합니다.

여기서 조심해야 할 점은 지목이 도로인 경우에도 공도인지, 사도인지, 건축법상 도로인지, 도로관리대장을 통해 꼭 확인해보셔야 합니다. 꼭 주의하셔야 합니다. 도로가 없는 맹지면 인접토지를 이용해서 도로개설이 가능한지를 확인합니다. 이때 토지 사용문제와 지료 문제도 고려하셔야 합니다. 또한, 지적도를 분석할 때 이 땅 앞에 구거가 지나가는 경우 이 땅은 법적으로는 맹지가 됩니다. 이 부분은 서류 분석 후 임장 시 꼭 확인해봐야 하는 사항입니다. 만약 구거가 맞다면 구거를 소유하고 있는 기관(보통 지역 농어촌공사인 경우가 많음)에 점용이 가능한지 확인합니다. 점용을 받아야만 허가를 받을 수 있으므로 꼭 주의해서 보셔야 합니다.

임야는 지도상으로 볼 때 이 임야에 도로가 있는지를 보십시오. 도로가 있다면 건축법상 도로로 지정공고 요건을 갖추고 있는지 확인해야 합니다. 임야의 경우는 대부분 지적도상 도로가 없는 경우가 많습니다. 하지만 현황상 도로가 존재하는 경우가 많습니다. 따라서 이 현황상 도로를 활용할 수 있는지를 판단해야 합니다.

지자체 도로과, 도로 관리대장을 확인해서 그 도로가 등록도로인지 현황도로인지 사도인지 점검해봅니다. 여기서 조심해야 할 점은 지목이 도로인 경우에도 공도, 사도, 건축법상 도로 여부를 도로관리대장을 통해 꼭 확인해야 한다는 것입니다.

도로가 없는 맹지면 인접토지를 이용해, 도로 개설을 할 수 있는지 이때 토지 사용문제와 지료 문제도 고려하셔야 합니다. 그리고 임야의 경우는 '산림자원조성 및 관리에 관한 법률'상 임도라는 것이 있습니다.

간선임도, 지선임도, 산불방지임도, 작업임도 등이 있는데, 임도는 건축법상 도로가 아니므로 웬만해서는 임도로 개발행위허가나 건축허가를 받을 수 없습니다. 간혹 임도로 허가를 받을 수 있다고 이야기하면서 토지 매매를 유도하는 경우가 있습니다. 이런 이야기를 듣는다면, 해당 지자체 산림과 건축과 도로과 등 관련 부서에 허가 가능 여부를 꼭 확인하고 거래하셔야 합니다.

임도

출처 : 저자 작성

③ 대출 미리 확인하기

토지는 주택처럼 대출에 대한 규제가 없습니다. 그렇다고 담보만 있다고 대출을 해주는 시대도 아닙니다. 대출도 토지의 지목에 맞게 받아야 가장 유리하게 받을 수 있습니다. 지목이 전, 답, 과수원인 농지는 담보비율을 제일 많이 잡아주는 곳이 농협입니다. 그런데 농협이라도 다 같은 농협이 아닙니다. 농협은행이라고 하는 예전의 농협중앙회보다 지역농협이 대출이 더 잘 나옵니다. 따라서 내가 살 땅의 인근 땅을 감정해본 농협이 가장 대출을 잘해줍니다.

보통 토지 대출은 은행에서 탁상감정한 금액의 70~80%까지 가능합니다. 감정가격은 시세보다 통상 20% 정도 저렴하니, 실거래 금액의 50~60% 정도 대출이 된다고 생각하면 됩니다.

가끔 주거래은행이 있어 대출을 그 은행에서 받으려다가 대출할 수 없거나 한도가 너무 낮게 나와서 당혹스러워하는 사람이 있습니다. 참고로 대출은 해당 토지 인근의 토지 대출을 취급해본 금융기관에서 받는 것이 가장 유리합니다.

거래 공인중개사가 있다면 소개를 받는 것이 좋습니다. 만약 경·공매의 경우는 경락자금의 80%까지 대출할 수 있으니, 경매 당일 법정 입구에서 명함을 나눠주는 금융기관 직원의 명함을 잘 보관하셨다가 활용하면 됩니다.

또한 1금융일수록 대출한도와 금리가 낮고, 2금융, 3금융으로 갈수록 대출한도는 늘어날 수 있지만, 대출이자 또한 같이 올라갑니다. 가끔 대출한도는 많이 해주고 금리는 싼 곳을 찾는 분이 있는데, 그건 마치 고수익에 안전한 금융상품을 찾는 것과 마찬가지입니다.

땅! 이렇게 분석하라
(현장 편)

1 현장답사 전 준비물

서류 확인이 끝나면 본격적으로 현장으로 나가봐야겠지요. 현장답사 전에 준비해야 할 사항들에 대해 알려드리겠습니다. 현장답사는 시간과 비용이 소요되는 작업입니다. 그래서 시간과 동선 비용과 효율을 고려해서 계획을 짜고 움직이면 더 도움이 됩니다.

당일치기로 다녀올지, 1박 2일로 다녀올지, 주말에 갈지, 평일에 갈지에 따라 동선을 짜고 혹시 공인중개사의 매물이면 미리 약속도 점검합니다. 현장에서 볼 지적도 등 서류를 챙기고 배낭과 편한 신발, 줄자, 모자 등을 꼭 챙겨서 갑니다.

요즘은 휴대전화로 지도 앱으로 현장에서 체크할 수 있는 사항이 많습니다. 하지만 되도록 직접 출력한 지적도면과 서류와 펜도 함께 지참해서 메모해가면서 현장답사를 하는 것이 더 좋습니다. 현장에서 스마트폰이나 태블릿으로 확인해야 할 사항들을 확인해 가면서 직접 출력

해간 서류에 메모해가는 방법을 병행한다면 그 효과는 더 배가 됩니다. 때로는 스마트폰이나 태블릿에 메모하는 것보다 직접 서류에 메모를 하는 것이 더 좋을 수도 있습니다. 저는 현장답사 시 꼭 챙겨 가는 장비 중에 드론이 있습니다.

▲ 필자가 현장답사에 가지고 가는 준비물 　　　　　　　　　　　　　　출처 : 저자 작성

장애물로 가려서 보이지 않는 것들을 드론으로 확인할 수 있습니다. 주변 지형과 숨겨진 건물이나 분묘 혐오 시설 등 내가 눈으로 볼 수 없는 많은 것들을 볼 수 있게 해줍니다. 그래서 현장에 도착하면 바로 드론으로 촬영해놓고 현장을 둘러봅니다. 나중에 사무실로 와서 드론으로 찍은 영상이나 사진을 보면 현장에서 보지 못한 많은 것들이 보여서 땅을 판단하는 데 큰 도움을 받고는 합니다. 그리고 임야 방문 시 도로 사정으로 진입 자체가 힘들거나, 거리상 산 중턱 등에 있어 현장 접근이 곤란한 경우도 드론이 큰 도움이 됩니다.

다음 사진은 현장에서는 나무에 가려 안 보였던 곳을 드론으로 촬영해서 분묘를 확인한 사례입니다. 그렇다고 꼭 드론이 있어야 하는 것은 아닙니다.

출처 : 저자 작성

그리고 혹시 모르니 간식도 꼭 챙겨 가시길 바랍니다. 현장에 나오다 보면 시골의 경우는 먹을 곳을 찾는 것이 막막할 때도 있습니다.

현장을 답사할 때 가장 중요하게 봐야 하는 사항이 '도로와 배수로'입니다. 만약 지적도상에 없는 도로가 현장에 있다면 현황도로입니다. 지적도와 현재 상태를 확인하는 것이 현장답사를 하는 가장 큰 이유입니다. 현황도로는 매우 중요한 체크사항입니다. 특히 시골 땅의 경우 지적도와 현황이 다른 경우가 비일비재합니다.

또한 여러분이 정말 많이 물어보는 질문 중에 임야나 산지를 답사 갔을 때, 임도로 개발행위허가나 건축허가가 되지 않냐고 물어보십니다.

임도(임산 도로)의 정의는 '산림물의 운반 및 산림 경영관리상 필요해서 설치한 도로'입니다. 따라서 건축법상 도로가 아닙니다. 그래서 임도로는 정말 특수한 경우(국가시설물 등)를 제외하고는 허가를 받지 못한다는 것을 꼭 기억하시길 바랍니다.

또한 비도시 지역의 촌집 등 건축물이 있는 경우는 경계가 다른 경우가 정말 많습니다. 일단 GPS 기능이 있는 카카오맵의 지적도 보기로 대략적인 땅의 경계와 건물이 있을 때 침범 상태 등을 체크해봅니다.

배수로 역시 오수와 우수 관로가 있는지 확인해봅니다. 시골의 배수로 중 농업용 배수로는 건축 허가 시 배수로로 인정받지 못하니 특히 주의해야 합니다.

2 현장답사 시 확인해야 할 사항

- **방향** : 경사면에 드는 햇빛양을 체크해보고 남향 서향으로 보고 있는 산인지 확인합니다. 북향은 피하는 것이 좋습니다.

- **조망권** : 방향보다 더 중요한 요소입니다. 가리는 것이 있는지, 없는지 체크합니다. 바다 인근이라면 뷰가 매우 중요합니다.

- **전기 전봇대** : 전기가 주변을 지나면, 개발행위허가 때 유리합니다.

- **토질 및 지반 상태** : 지반에 따라 건축의 난이도가 달라집니다. 토목 시 비용 차이가 큽니다.

- **토지의 모양과 형상** : 모양이 좋으면 건축에 유리합니다. 형상은 경사도를 포함해서 꺼진 땅인지, 솟은 땅인지, 경사는 몇 도나 될지 맨눈으로 판단해봅니다.

- **자연재해 여부** : 현재 재해의 흔적이 있는지를 통해 미래 자연재해

를 예측해봅니다.

- **도로 폭과 포장 여부** : 도로 폭은 건축 허가할 때 중요요건 꼭 줄자로 재보고, 포장과 비포장 유무를 확인합니다.

  가장 좁은 쪽 폭을 재봐야 합니다. 건축 허가할 때 확인하는 부분입니다.

- **주변 혐오 시설 및 유해시설** : 산 주변에 축사나 고압선 등 체크합니다. 군부대, 봉안당, 쓰레기 관련 시설 등 차로 둘러보거나 드론을 활용해서 주변 탐색하면 더 좋습니다.

만약 주기적으로 현장답사를 한다면, 자신만의 체크리스트를 만들어 놓는 것도 좋은 방법입니다. 앞서 제가 말씀드린 내용을 정리해서 하나의 리스트로 만든다면 훌륭한 현장답사 체크리스트가 될 것입니다.

❸ 현장답사 후 중개사무소에 꼭 들러야 하는 이유

생각보다 많은 사람이 현장의 중개사무소 방문을 많이 두려워합니다. 왜일까요? 매물정보를 얻기 위해 보통 현지 중개사무소를 방문합니다. 가장 현장 분위기와 매물을 잘 알고 있기 때문입니다. 하지만 현지에 있다고 다 전문 중개사무소는 아닙니다. 개발지역의 경우는 막 시작한 초보도 있을 수 있고, 뜨내기일 수도 있습니다. 그래서 내가 투자하고자 하는 지역의 중개사무소 중 전문 중개사무소를 찾아야 합니다.

보통 투자 지역이 선정되면 현장 현장방문을 하고 그다음으로 현장 주변의 중개사무소 현장방문을 합니다. 이때 1층에 있는 중개사무소를 먼저 돌아보는 것이 좋습니다. 2층이나, 3층에 깨끗한 중개사무소가 있다면 신규로 들어왔을 확률이 높습니다. 그러므로 물건이 없을 확률이 높습니다. 특히 간판이 좀 낡고 사무실이 낡았더라도, 공인중개사가 좀 무뚝뚝하더라도 그 지역에서 가장 오래 중개를 한 공인중개사에게 현지인 매도자 물건이 많습니다. 시골일수록 지역 중개사무소에 매물을 내놓을 확률이 높습니다.

또한, 2가지 방법을 동시에 사용하십시오. 해당 지자체가 있는 행정관청 주변의 큰 중개사무소 몇 군데와 범위를 더 좁혀서, 토지 소재지와 가장 가까운 면 단위도 중개사무소가 있는지 보고 양쪽 다 접촉해봐야 합니다.

매수할 때도, 매도를 할 때도 이렇게 이용을 하면 좋습니다. 하지만 더 좋은 방법이 하나 있습니다. 직접 해당 마을 이장님을 찾아가서 동네에 땅을 팔 사람이 없는지 알아보는 방법입니다. 물론 처음 외지인이 이장님을 찾아가면 당연히 경계하겠지만, 조금 친근하게 다가갈 필요가 있습니다. 의외로 이 방법으로 땅을 찾는 분도 있습니다. 물론 계약이 된다면 공인중개사를 통해 거래하는 것이 안전합니다.

4 내 편으로 만드는 중개사무소 임장 노하우

지금부터는 그 누구도 알려주지 않는 중개사무소를 내 편으로 만들어 임장의 효과를 극대화할 방법을 알려드리겠습니다.

땅을 살 때, 일반적으로 '중개사무소에 가서 중개 의뢰하면 되지 않을까?'라고 생각할 것입니다. 땅을 살 수는 있지만, 좋은 땅을 싸게 살 수 있는 확률은 그렇게 높지 않습니다.

중개사무소에서 좋은 땅을 시세대로 살 수는 있습니다. 중개업을 하다 보면 정말 가끔 눈먼 땅이 나옵니다. 매도인의 갑작스러운 급한 사정이든, 갑자기 상속을 받아 무조건 처분하고 싶은 경우든 여러 가지 매도인의 사정으로 좋은 땅인데 싸게 나오는 경우가 있습니다. 그런 땅이 나온다면 그 땅은 어떻게 될까요? 급하게 팔아야 하는 상황이니 가격은 시세보다 많이 쌀 것입니다. 일차적으로 공인중개사가 사고 싶을 것이고, 만약 자금 사정이 여의찮으면 가족이나 친척, 친구 지인 순서로 권할 것입니다.

아니면 끊임없이 중개사무소와 유대를 맺고 자주 가보고 통화하는 진성손님이 있다면 권할 것입니다. 어쩌면 본인과 가족 다음으로 진성손님에게 권할지도 모릅니다. 왜냐면 본인에게도 금전적으로 이득이 있을 거라고 생각하니까요. 고객 중에는 중개사무소 소장님들과 아주 좋은 유대관계를 맺는 분들이 있습니다. 그들은 매도의 입장과 매수의 입장을 동시에 가지고 있는데, 주기적으로 방문하고 전화하고 정보를 물어봅니다.

사무실을 방문할 때는 빈손으로 가지 않고 음료수나 과일 등을 꼭 사서 갑니다. 우리나라 사람들에게 가장 약한 것이 무엇인지 아십니까? 바로 '정'입니다. 한 번 봤을 때는 그냥 오다 말겠지 해도, 두 번, 세 번, 네 번 보면 관심이 가고 신경이 쓰입니다. 그러다 매도든, 매수든, 전세든, 거래할 때는 법정 중개보수 외 꼭 봉투를 더 챙겨주며 감사함을 표합니다. 그리 많은 금액은 아니지만 고생했다며 성의 표시니 봉투를 건네며 받으라고 합니다. 사양하면 그냥 책상 위에 두고 나옵니다. 물론 법정 중개보수 이외의 금액을 받으면 안 됩니다.

여러분이 공인중개사라면 이런 손님에게 어떤 마음이 들까요? 우리나라는 가는 정이 있으면 오는 정이 있게 마련입니다. 만약 좋은 물건이 싸게 나왔을 때, 공인중개사 머릿속에 떠오른다면 성공하는 것입니다. 큰돈을 들이지 않고 공인중개사와 친분을 쌓는다면 남들보다 좋은 물건을 구할 수도 있습니다. 남들보다 내 물건을 더 빨리 팔 수도 있습니다. 돈 되는 정보도 남들보다 빨리 들을 수 있습니다.

공인중개사들은 현장에서 매도와 매수 손님 둘 다 만나기 때문에 양쪽의 상황과 분위기를 누구보다 잘 알고 있습니다. 단, 주의할 점은 거래를 많이 하는 공인중개사를 찾아야 한다는 것입니다. 중개사무소라고 다 같은 중개사무소가 아닙니다. 거래가 많은 공인중개사만이 현장의 분위기를 정확히 알고 있다는 사실도 잊지 마시고요. 제가 공인중개사 구별 팁을 한 가지 알려드리겠습니다.

부동산 사무실에 가면 필수 게시물 중에 중개업 등록증이라는 것이 있습니다. 등록증 왼쪽 위를 보면 제00000-2020-00010호라고 되어 있다면 중간에 있는 2020이 바로 등록한 해입니다. 그리고 2020년에 해당 지자체에 10번째로 등록했다는 의미입니다. 혹시 이런 등록증도 있습니다. 00000000-00000 이런 체계로 되어 있다면 아주 오래전에 등록했다는 의미입니다. 보통 시골의 나이가 지긋한 소장님들이 많습니다. 이분은 공인중개사법이 제정되기 이전에 등록해서 현재까지 영업하시는 분입니다. 공인중개사는 아니지만, 현업에서 오래 일하신 분들입니다. 등록연도가 오래되었다고 중개를 잘한다는 보장은 없지만, 그만큼 경력은 오래되었다는 것을 알 수 있습니다. 카카오맵의 로드뷰를 연도별로 보고 그 자리에서 얼마만큼 중개사무소를 경영했는지도

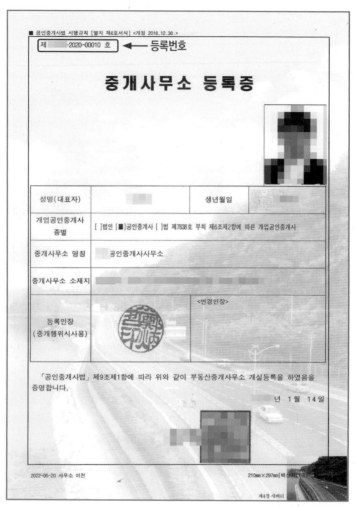

같이 체크해보시면, 중개사무소를 판별하실 수 있을 것입니다. 네이버 부동산에 매물을 얼마나 올리는지, 자체 블로그나 카페 등 SNS를 통해 홍보와 광고를 적극적으로 하는지 등도 점검하시면 중개사무소를 판별하는 데 큰 도움이 될 것입니다.

5 공인중개사의 속마음을 읽어라

여러분들은 공인중개사가 현장에서 느끼는 것 중 가장 불합리하다고 느끼는 것이 무엇인지 알고 계십니까? 이 포인트를 여러분들이 안다면 공인중개사를 내 편으로 만드는 데 큰 도움이 될 것입니다.

항상 공인중개사와 손님의 입장은 다릅니다. 손님은 내가 원하는 매물을 찾아야 계약을 할 수 있습니다. 공인중개사는 손님이 계약하지 않으면 그 이전에 했던 행위들, 예를 들면 물건을 보여주고 설명하고 맘에 안 들면 다른 물건을 또 보여주고 안내해야 합니다. 계약서를 쓰기 전까지의 행위에 대한 대가는 없습니다. 심지어는 전화로 약속을 하고 현장에서 기다리다가 손님이 나타나지 않는 일들도 비일비재합니다. 이럴 때는 노력 낭비, 시간 낭비로 허탈해집니다. 자신의 시간이 소중한 만큼 상대방의 시간도 소중한데 말입니다. 여러분들은 절대 그렇게 안 하리라고 생각합니다.

그나마 다행히 계약된다면 그 모든 시간과 노력에 대한 대가가 오는 것이고, 반대로 그렇게 물건들을 보여주고 설명해도 계약이 되지 않으면 헛수고가 됩니다. 때에 따라서는 비용도 발생합니다. 아파트의 경우는 걸어서도 안내할 수 있지만, 토지의 경우는 손님을 모시고 차를 타고 이리저리 다니면서 유류비도 발생하고 때에 따라서는 서류 발급 비용 등이 발생해도 금액이 소액이기 때문에 공인중개사들 대부분은 손님에게 청구하지 않습니다.

자, 여기서 여러분은 어떤 생각이 드시나요?

손님의 관점에서 공인중개사를 보면, '당연히 그렇게 해야 하지 않나?'라고 생각이 들 수 있습니다. 하지만 여러분이 공인중개사라면 어떤 생각이 들까요? 이 손님이 알아만 보고, 할 것 같지 않은 손님이라고 생각되면 그때부터는 무성의해지고 말로 다 해결하려고 할 것입니다. 심지어는 불친절하기까지 해집니다. 특히 전화상으로 물어본다면 더욱 몇 마디 나눠보고, 아니다 싶으면 상담도 진행하지 않는 경우도 많습니다. 이른바 잘나가는 공인중개사들은 손님을 가려(?) 받습니다. 정확히 이야기하자면 진짜 손님과 가짜 손님을 나름대로 판단합니다. 물론 100% 알 수는 없겠지만, 최소한 정보만 알아보는 가짜 손님 판별법을 나름대로 가지고 손님을 대하고 있습니다. 이 손님이 진짜 매물을 구하는 손님이라는 확신이 들 때까지 서로 간 보기와 눈치싸움을 합니다. 그도 그럴 것이 모든 손님이 다 온전한 손님이지 않을 수도 있기 때문이지요.

때로는 같은 사업을 하는 공인중개사들이 손님인 척하고, 주변 개발 동향을 알아보는 경우도 많습니다. 공인중개사 간에도 서로 물건을 뺏고 뺏기는 일도 비일비재(非—非再)하고 실제로 법정 다툼으로 가는 경우도 종종 있습니다. 무례한 손님을 만나 안내만 실컷 하고 고생만 하는 경우도 많다 보니 무조건 공인중개사 탓만 할 수도 없습니다. 공인중개사들 사이에 이런 말이 있습니다. 살 사람들은 절대 적극적이지 않다. 오히려 안 살 사람들이 살 것처럼 하고 정보만 알아내려고 합니다. 왜냐면 그들에게 필요한 것은 매물이 아니라 정보이기 때문입니다.

어떻습니까? 공감이 되시나요? 인기가 높은 개발지역 인근의 토지는 현지 중개사무소를 통해 거래됩니다. 수요는 많고 공급은 한정적인데

전화 한 통으로 원하는 매물을 얻을 수 있을까요? 무조건 발품을 팔아야 좋은 물건을 구할 수 있습니다. 그리고 제가 말씀드린 공인중개사의 심리를 잘 활용해서 내 편을 만들어야 좋은 물건을 구할 수 있습니다.

중요한 부분 하나를 더 짚어 드리겠습니다. 시골의 중개사무소에서 물건을 구하려면 절대 먼저 중개보수 이야기를 꺼내지 않는 것이 좋습니다. 특히 소액 투자일수록 더 주의하셔야 합니다. 예를 들어 1억 원짜리 토지를 매수했을 때 법정 중개보수는 최고 0.9% 내에서 협의입니다. 말 그대로 90만 원이 최고 수수료라는 의미입니다. 그런데 상담하면서 공인중개사에게 미리 중개보수 이야기를 물어보거나 꺼낸다면, 그 땅을 살 가능성은 없어집니다.

특히 개발지역이라면 더더욱 중개보수 이야기를 꺼내시면 안 됩니다. 아파트와 다르게 토지는 안내 전에 서류 준비도 많이 필요합니다. 손님을 데리고 현장을 답사하는데, 자동차로 20~30분 가는 거리도 많습니다. 동행해서 설명도 해야 합니다. 그런 수고를 해야 하는데 미리 중개보수를 이야기하고 깎아달라는 말이라도 했다가는 나중에 10억 원이 될 땅을 눈앞에서 날려 버리는 결과가 될 수도 있습니다. 그렇다고 제가 법정 중개보수를 초과해서 드리라고는 이야기할 수는 없습니다. 현장에서는 실제로 법정 중개보수만으로 해결되지 않는 부분이 있다는 것 알고 계셔야 합니다. 정말 좋은 땅을 살 수 있다면 추가로 공인중개사에게 고마움을 표시할 수도 있겠지요. 그것은 본인이 판단해서 하시면 될 것 같습니다. 제가 강조하고 싶은 말은 절대 땅도 보기 전에 돈 이야기를 하지 말라는 의미입니다. 공인중개사가 중개하는 이유는? 결국, 돈을 벌기 위함이라는 사실 잊지 않으시고, 중개사무소 현장을 방문하시면 좋은 결과가 있을 것입니다.

PART
04

토지 계약에서
매도까지

토지 계약
한눈에 살펴보기

1 토지 계약 전 주의사항

토지 투자 시 몇 번 거래를 해봤거나 실무 경험이 있으면 계약할 때 큰 어려움이 없지만, 초보 투자자의 경우 걱정이 앞설 수밖에 없습니다. 공인중개사가 있지만, 솔직히 내 편에서 계약을 해준다는 보장도 없고 혹시나 매도인 쪽에 유리하게 계약이 되지는 않을까 걱정도 됩니다. 그래서 계약서를 작성할 때 주의사항을 알려드리겠습니다. 먼저 계약서 작성 전 주요 검토사항을 알려드리겠습니다.

공법적 검토

◉ 계약 체결하는 토지가 관리지역, 농림지역(농업진흥구역, 보호구역), 보전산지, 준보전산지, 자연환경 보호지역, 상수원 보호구역, 수변구역, 공원보호 구역, 개발제한구역, 공장설립제한지역, 문화재보호구역, 수산자원 보호구역 등 용도지역 지구 등 확인과 매수자의

목적에 부합하는지 여부

- 농지나 산지 전용 등 개발행위허가 가능 여부
- 지적도상 도로에 접해있는지, 도로 폭은 최소한 4m 이상이며, 도로에 접하는 면이 2m 이상 확보되는지 여부
- 도로가 국도, 지방도, 시도 등 법정도로인지와 비법정도로인지 확인 지적도상 도로는 없으나 현황상 도로가 존재하는 경우 이를 활용할 수 있는지 여부
- 현황도로의 포장 여부, 본 도로로 건축허가가 난 사례가 있는지, 건축법상 도로로 지정공고 요건을 갖추고 있는지 확인 활용할 수 있다면 비용(지료 등)은 얼마나 지급해야 하는지 구체적 내용 확인
- 공부상 지목이 도로인 경우에도 공도인지, 사도인지, 건축법상 도로인지 확인(도로관리대장)
- 사도면 이용 시 도로사용승낙서 필요
- 도로가 없는 맹지면 인접 토지를 이용해 도로를 개설할 수 있는지, 이때, 토지 사용문제와 지료문제에 대한 구체적인 내용 확인
- 도로 각지에 접해있는 경우 교차로 영향권에 저촉되는지 여부 확인
- 막다른 도로면 도로 폭 예외 규정에 따라 건축이 가능 여부 확인
- 도로와 같은 맥락에서 배수로의 중요성을 인식하고, 공부상 배수로가 접해 있는지, 배수로 없는 경우 인접 배수로까지 연결하는 데 따른 배수로 사용동의서와 지료 문제 확인
- 공부상 구거가 있는 경우에도 일반 구거인지 관계수로인지 확인, 농업용수 공급을 위한 농수로는 지목은 구거이지만, 일반배수로로 활용이 전혀 불가능

- 하천이나 제방에 접해있는 토지의 경우 지적도와 현황의 일치 여부 확인
- 포락으로 인한 유실 또는 하천부지 점용 가능성 확인

매매 물건 토지와 인접해 있는 토지 검토사항

- 지적도와 스마트폰 태블릿 PC를 활용해 공부상 경계와 실제 경계 대략적인 일치 여부 확인
- 위치나 면적의 지적 불부합 여부 확인
- 토지 형상 경사면의 과도에 따른 비탈면 등으로 실제 가용면적 감소 여부 공사비 과다지출 여부
- 인접 토지와 높은 고저 차로 인한 성토나 절토 문제 파악
- 토목공사 비용과 인접 토지의 배수 문제 등 민원 발생 우려 파악 지질 및 지반 검토

2 토지 계약 시 주의사항

토지 계약을 할 때의 주의사항을 알아보겠습니다. 첫 번째로 토지 소유주가 실제 계약서의 계약자가 맞는지 확인을 해야 합니다. 요즘은 위조 신분증도 많아서 신분증 진위확인을 해보는 것이 좋습니다. 정부24 사이트에서 '서비스 - 주민등록증 진위확인'으로 이용하셔도 되고, 유선으로 확인하실 분들은 1382로 전화하셔서 안내에 따라 주민등록번호와 발급일자를 입력하면 확인할 수 있습니다. 상대방 앞에서 바로 해보는 것은 실례가 될 수 있으니, 신분증을 확인하고 화장실에 가는 척

하고 확인해보시면 됩니다. 혹시 주민등록증이 아닌 운전면허증을 가
져오는 경우는 경찰청 교통민원24 사이트에서 확인 가능합니다.

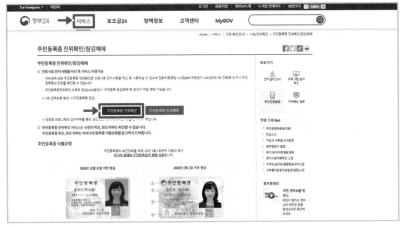

출처 : 정부24

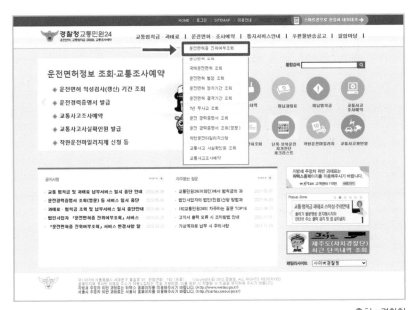

출처 : 경찰청

계약 시 본인이 왔다면 상관없지만, 대리인이 올 때 특히 주의하셔야 합니다. 실제 소유주가 바빠서, 아니면 출장 및 외국 체류 등 여러 사정으로 대리인이 오는 경우 특히 가족이 나왔을 때 더 유의하셔야 합니다. 거의 대리권으로 문제가 되는 경우의 대부분이 가족 간의 대리권에서 문제가 생깁니다. 대리 계약 진행 시 소유주의 인감증명서와 인감 날인이 된 위임장만 있으면 된다고 알고 있습니다. 그러나 실제 판례에서는 본인에게 전화해서 위임한 사실이 맞는지 확인까지 해야 한다고 판시하고 있습니다. 요즘은 본인이라고 하면서 전화통화를 할 수도 있습니다. 소유자의 인적사항과 신분증 발급일자를 물어 신분증 진위 확인을 하고, 녹취에 동의받고 녹취를 하는 것이 안전합니다.

실제 현장에서 계약할 때 신분증 사실 여부와 대리권 부분에 민감하면 매도인 쪽에서 언짢아해서 계약서 진행 과정이 딱딱하거나 분위기가 좋지 않게 흘러가는 예도 있습니다. 따라서 신분증 사실 여부는 공인중개사에게 미리 확인해달라고 요청하시면 나중에 문제 시 책임을 물을 수도 있습니다. 대리권 역시 사전에 공인중개사에게 소유주가 직접 오는지 확인을 해서 미리 상황을 알고 대처를 해나가는 지혜가 필요합니다. 간혹 이 과정에서 매도인이 취조당하듯 의심을 해버리면, 계약 자체가 파기되는 예도 있습니다. 뭐든 과하면 안 되지만 그렇다고 대리권 부분은 계약을 못 하게 되더라도, 정확히 확인해야 하는 아주 중요한 사항입니다.

두 번째는 등기부등본 확인과 마지막 현장 확인입니다.

땅을 알아보고 계약이 진행되기까지 시간이 짧을 수도 있지만 길 경우에는 등기부등본상 권리관계가 변동되지 않았는지 확인해봐야 합니다. 본인이 발급받아 봐도 되고 공인중개사가 있다면 요청해도 됩니다. 중요한 것은 등기부등본은 계약하기 바로 전에 한 번, 잔금을 치르려는 날 한 번, 두 번은 꼭 발급받아 봐야 한다는 것입니다. 하단에 발급일자와 일시가 표시되니 꼭 확인해봐야 한다는 사실도 잊지 마십시오. 근저당의 경우는 잔금 때 말소처리를 하면 되므로 상관없지만, 가등기나 가압류 새로운 지상권 등이 생겼다면 잔금 전에 말소할 수 있는지 꼭 확인을 요청해야 합니다.

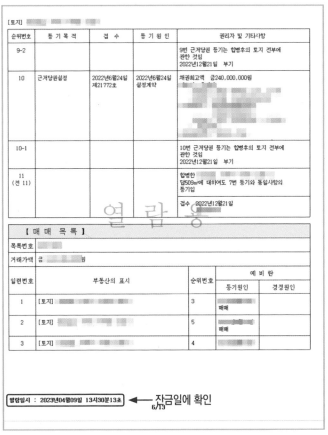

최근 빌라 전세 사기도 근저당과 전입신고의 효력 두 가지의 선후 관계를 이용해서 사기를 친 사례가 많습니다. 더불어 계약 전 현장을 들려서 해당 토지에 변동사항이 없는지 체크해보면 좋습니다. 간혹 지상에 컨테이너나 물건 적치 등과 새로운 경작 등의 사유가 발생하는 때도 있으니 이런 경우 매도인이 처리해준다는 특약을 반드시 넣어야 합니다.

세 번째는 계약 장소입니다.

특별한 경우를 제외하고는 공인중개사가 있는 경우는 중개사무소에서 진행하는 것이 원칙입니다. 만약 직접 당사자 간 계약이라면 법무사 사무실에서 하는 것이 좋습니다. 사무실이 있는데 굳이 매도인의 집이나 카페에서 계약하자고 하면 정중하게 사무실에서 하자고 요청하시면 됩니다. 간혹 계약 시 매도인 쪽의 사람이 많이 나와 바람을 잡거나 가격을 올리는 등 작업을 위해 그렇게 장소를 바꾸는 경우가 있으니 유의하시길 바랍니다.

③ 토지 계약 시 알면 돈 되는 특약

계약은 쌍방의 합의에 따라 결정됩니다. 그러므로 나중에 분쟁이 발생했을 때, 계약서의 내용이 기준으로 판단하므로, 어떤 특약이 들어가느냐가 중요합니다. 토지 계약 시 주의해야 할 토지 특약을 알려드리겠습니다.

알면 도움이 되는 토지 일반 특약

◎ 본 계약 토지상에 식재되어 있는 수목은 매매대금에 포함하여 거래한다.

◎ 본 계약 토지상에 식재되어 있는 정원수와 조경석, 정자, 등의 일체는 본 계약 대상인 토지와 건물의 종물로서 매매대금에 포함한 것으로 한다(특히 별장이나 전원주택거래 시에 꼭 명시해야 할 특약사항임).

◎ 본 계약 토지상에 있는 창고건물은 건축물대장상에 없는 무허가 건축물로 매매대금에 포함해 거래한다(또는 매도인이 잔금시까지 철거하기로 한다).

◎ 본 계약 물건은 농지로 등기 시에 농지취득자격증명서가 필요하므로 매수인의 귀책사유 없이 잔금기일 전까지 이를 득하지 못했을 경우 본 계약은 원천 무효로 하며, 매도인은 계약금과 중도금 등 수령한 금액 전부를 즉시 매수인에게 반환하기로 한다.

◎ 본 계약 물건은 토지거래계약허가구역에 소재함으로 토지거래계약허가를 득해야만 본 계약이 유효하게 되므로, 만일 매수인의 귀책 사유 없이 허가를 득하지 못할 시 매도인은 수령한 금액을 즉시 반환하기로 한다.

◎ 본 계약 토지는 환지예정지구로 지정되어 있는 바, 향후 환지가 확정되어 토지의 위치가 바뀌거나, 면적증감에 따른 금액의 변동이 있거나, 보상 또는 청산되어 청산금 등이 지급되더라도 이와 관련한 모든 권리와 의무는 매수인에게 귀속하며 이에 따른 여타 문제에 대해 상대에게 이의를 제기하지 않기로 한다.

◎ 본 계약은 공부상의 면적을 기준으로 한 매매이므로, 향후 실면적과 공부상의 면적에 차이가 발생하더라도 매수인과 매도인은 상

호 이의를 제기하지 않기로 한다.

- 본 계약토지에 대해 추후 측량결과 공부상의 면적과 실면적과의 차이가 발생하면 실면적 기준으로 정산하기로 한다.

- 매도인은 본 계약체결일 현재 본 부동산관 관련된 공과금 등 체납된 세금이 없으며, 추후 매도인의 세금체납으로 인해 매수인이 손해가 발생할 경우 그에 따른 책임을 부담하기로 한다(재산세 기준일, 매년 6월 1일 현재 소유자임).

- 본 계약 건물에 대한 부가가치세는 매매대금과 별도(매매대금에 포함하기로)로 한다.

- 매도인은 본 계약 토지상에 설치된 지상물 전부를 매수인에게 양도하기로 한다.

- 본 계약 토지에 설치된 [철탑, 전신주, 농수관로, 현황도로, 미공시 지역권] 등이 존재할 경우 이를 매도인의 책임으로 해결하기로 하며, 만일 해결하지 못할 시는 약정한 손해를 배상하기로 한다.

- 본 계약 토지에 설치된 [철탑, 전신주, 농수관로, 현황도로, 미공시 지역권] 등이 존재할 경우 이를 매수인이 모두 인수하기로 한다.

- 본 계약 토지에 대하여 위법이나 불법된 부분이 존재할 경우 매수인이 전부 승계 또는 인수하기로 한다. 또는 매도인이 모두 해결해 주기로 하며, 이를 해결하지 못할 시 매수인은 본계약을 해제하고 손해배상을 청구할 수 있다.

- 본 계약은 매도인 ○○○의 대리인 ○○○(와)과의 계약이며, 중도금(또는 잔금) 지급일에는 매도인과 매수인이 직접 만나 추인 여부를 확인하도록 조치하거나, 본 계약을 추인하는 증명서면(인감증명서 첨부)을 매수인에게 제공하기로 한다.

◎ 위임용 인감증명서는 본인 발급해야 하며, 위임장도 본인이 직접 작성한 것이어야 한다.

개발행위허가 관련 특약

◎ 현황도로를 이용해 건축할 목적으로 계약을 체결하는 경우 매수인은 검토 결과 본 현황도로를 이용해 개발행위허가 등이 가능한 것으로 판단해 본 계약을 체결한다. 만일 인허가과정에서 매수인의 귀책 사유 없이 허가를 득하지 못할 시 본 계약은 원인 무효로 해제하기로 하며, 기지급한 매매대금은 별도의 손해배상 없이 즉시 반환하기로 한다.

◎ 매도인은 본 계약 후 매수인의 개발행위허가 신청을 위한 '토지사용승낙서'를 인감증명서를 첨부해 발급해주기로 한다.

◎ 매도인은 본 계약 후 매수인의 개발행위허가 신청을 위한 '토지사용승낙서'를 인감증명서를 첨부하여 발급해주기로 하며, 매수인은 이에 대한 반대급부로 '지위승계동의서', '복구비용권리승계동의서', '채권양도양수서', '건축주 명의변경 동의서'에 인감증명서를 첨부해 제출하기로 한다.

이처럼 매매계약서 특약에 안전장치를 제대로 해둘 필요가 있습니다. 향후 매매계약 해제 시 교부한 사용승낙서를 무효로 한다거나, 매도인이 일방적으로 허가 철회신청을 해도 된다는 내용을 포함시키거나, 미리 계약해제조건부 허가철회신청서와 매수인의 인감증명서까지 받아두는 것이 바람직합니다.

매수인은 토지사용승낙서를 건축허가신청용으로만 활용할 수 있으며, 여하한 경우에도 잔금지불 전에 공사 착공 또는 자재적치, 가설물 설치, 전기, 통신, 가스시설 설치 등 토지를 실제 사용을 할 수 없습니다.

　모든 특약을 다 언급할 수는 없지만, 지금까지 말씀드린 특약만 잘 기억해도 토지 계약할 때 많은 도움이 될 것입니다.

매도 타이밍 잡는
전략과 기술

1 토지 매수 후 관리 요령

토지를 매수한 후 이제 여러분도 대한민국에 내 땅이 있는 지주가 되었습니다. 축하드립니다. 지주는 땅의 주인이지요. 땅은 건물과 다르게 특별한 관리라고 할 것이 없습니다. 특히 내가 사는 곳에서 좀 멀리 떨어진 땅이라면 매수 후 별로 갈 일이 없습니다.

그렇다고 그냥 버려둬서는 절대 안 됩니다. 토지의 잔금을 치르고 나면 꼭 해야 하는 것 중의 하나가 경계 복원측량입니다. 특히 지방의 토지일수록 타인의 건물이 내 땅을 침범하는 일이 많이 있으니 경계복원측량은 꼭 하시길 바랍니다.

■ 지적세부측량 (오차한계: 원, 부가세 별도)

지적세부측량 PDF 다운로드

종목명	토지구분	단위	기준 현면적(㎡)	토지개별공시지가별 9,000원 이하	9,001원~26,000원	26,001원~51,000원	51,001원~170,000원	170,001원~1,710,000원	1,710,001원~8,530,000원	8,530,001원~17,000,000원
분할측량	토지(도해)	1필지(분할후)	1,500	191,000	232,000	273,000	355,000	409,000	437,000	464,000
	임야(도해)	1필지(분할후)	5,000	240,000	292,000	343,000	446,000	514,000	549,000	583,000
	수치	1필지(분할후)	1,500	185,000	225,000	265,000	344,000	397,000	424,000	450,000
경계복원측량	토지(도해)	1필지	300	293,000	355,000	418,000	543,000	627,000	669,000	711,000
	임야(도해)	1필지	3,000	364,000	442,000	520,000	676,000	780,000	832,000	884,000
	수치	1필지	300	252,000	306,000	360,000	468,000	540,000	576,000	612,000
	토지(도해)	1필지(분할후)	1,500	171,000	208,000	245,000	318,000	367,000	392,000	416,000

출처 : 국토정보공사

측량은 국토정보공사(옛 대한지적공사)를 통해서 신청하시면 되고 비용은 많이 들지 않습니다. 위의 예시처럼 측량비용은 토지 개별 공시지가와 면적에 의해 산출됩니다. 여기 국토정보공사 홈페이지에 보시면, 경계복원측량의 경우 면적과 토지개별공시지가를 기준으로 최고 70만 원에서 80만 원 사이에서 측량할 수 있습니다.

매수한 토지의 원래 지목대로 사용해야만 세법상 사업용 토지로 인정받는다고 말씀드렸습니다. 그래서 보유 기간에는 최대한 사업용 토지로 만들어서 보유하는 것이 좋습니다. 핵심은 지목의 용도대로 이용하는 것입니다. 특히 경작이 가능한 땅이라면 타인이 무단으로 경작을 하지 못하게 조치를 해놓아야 합니다.

요즘은 개발지역 택지도 타인이 무단으로 경작하는 경우가 흔히 있습니다. 따라서 택지라면 경작하지 못하게 푯말이나 펜스를 치는 등의 조치를 해놓고, 주기적으로 현장 확인을 하면 좋습니다. 농지나 임야인 경우는 몇 달에 한 번씩 현황 확인을 위해서 현장에 가셔도 됩니다.

다만 보기 좋은 떡이 먹기도 좋듯이 너무 땅이 방치되지 않도록 최소한의 조치 정도는 해놓는 것이 좋습니다. 농지라면 농지은행에 위탁경영을 맡기거나, 개인에게 임대를 해도 됩니다. 임야의 경우는 진입로 개선공사나 방치된 쓰레기를 치우는 등의 최소한의 미관상 조치들은 해놓아야 나중에 팔기가 수월해집니다.

2 토지 매도 전략 및 노하우

많은 사람이 땅값에 대해서 가지는 오해 중에 인근의 시세를 내 땅에 그대로 대입하는 경우가 있습니다. 땅은 바로 옆에 땅도 모양과 형상 면적 도로여건 경사 등 여러 요인으로 인해 가격 차이가 크게 날 수 있다는 사실을 간과합니다.

우리가 마트에서 장을 볼 때, 같은 상품도 묶음으로 팔 때는 낱개로 팔 때보다 싼 가격에 팝니다. 땅도 마찬가지입니다.

예를 들어 100평짜리 주택을 지을 수 있는 땅이 $3.3m^2$당 50만 원이면 5,000만 원이니 집을 짓고 싶은 분들은 큰 부담이 없는 경우 쉽게 거래가 될 것입니다. 그런데 바로 그 옆에 땅은 1,000평이고, 옆의 땅이 $3.3m^2$당 50만 원이니 똑같이 계산해서 5억 원에 내놓았는데 중개사무소에서 연락이 없네요. 왜 그럴까요?

토지는 가격대별로 수요층이 존재합니다. 어떤 분들은 "그러면 분할해서 팔면 되지 않느냐?"라고 이야기합니다. 하지만 분할했을 경우 필지별로 입지 조건이 달라지고 대부분 도로 여건으로 도로로 편입시켜야 하는 면적도 생깁니다. 즉, 면적도 손해 보고 입지가 좋은 땅과 안 좋은 땅으로 나뉜다는 것이지요. 그러면 결국 이런 경우는 5억 원에 내놓을 것이 아니라 20~30% 더 싼 가격에 내놓아야 합니다. 예를 들면 4억 원 이하에 내놓아야 그나마 매도될 확률이 있습니다.

이런 논리는 토지에만 적용되는 것이 아니라 상가 임대에서도 자주 봅니다. 가장 위치 좋은 상권 사거리 코너의 10평짜리 가게 임대료가 3.3㎡당 3,000만 원입니다. 월세로 환산하면 보증금 5,000만 원에 월 250만 원입니다. 그런데 바로 옆에 있는 가게가 100평짜리입니다. 그래서 똑같이 3.3㎡당 3,000만 원에 내놓았더니 안 나갑니다. 보증금 5억 원, 월세 2,500만 원에 내놓았으니 나갈 리가 만무하지요. 그래서 부동산은 면적의 법칙이 있습니다. 작으면 작을수록 가치를 더 받을 수 있습니다.

결국, 규모가 크면 가격을 내려야 하고, 규모가 작으면 더 받을 수 있습니다. 토지에서 이 법칙을 잘 활용하면, 전면이 좁고 긴 땅(흔히 장방형 이라고 하지요)보다는 전면이 길고 길이는 짧은 토지가 더 가치가 뛰어 납니다. 왜냐면 분할했을 때 손해 보는 면적도 없고, 가치를 그대로 인정 받을 수 있기 때문입니다.

또한, 전면이 넓은 삼각형 모양의 토지는 모양 때문에 가격은 저렴하지만 잘 활용하면 큰 수익을 주기도 합니다. 바로 건축을 했을 때는 더 토지의 모양보다는 건축물의 가치로 평가받기 때문입니다.

토지 투자는 매수보다 매도가 훨씬 중요합니다. 매도 시점이 되어야 비로소 차익이 실현되고, 세금까지 정산해야 비로소 내 손에 돈이 쥐어집니다. 숫자상의 몇 배 수익은 말 그대로 숫자일 뿐입니다.

또한, 통장으로 들어온 그 돈을 써야 비로소 투자에 대해 뿌듯함을 느낄 수 있습니다. 그래서 투자 수익금의 5% 정도는 꼭 자신을 위해 쓰라고 말씀드리고 싶습니다. 예를 들면 가족과 함께 해외여행을 가거나 쇼핑을 하거나 아니면 부모님 용돈을 두둑하게 한번 드리거나, 고생한 자신에게 기분 좋게 위로해줄 수 있는 작은 소비를 자신에게 돌려주는 것입니다. 그러면 더 신이 나서 다음 번 투자를 할 수 있는 원동력이 됩니다. 사람들이 요즘은 돈을 벌긴 하는데 그 돈이 잠깐 나한테 왔다가 금방 다시 나가버린다고 합니다. 대출이자에, 소비에…. 분명 돈을 벌긴 하는데 거의 나를 스쳐 가버린다는 것이지요.

저는 평소에 이런 말을 자주 합니다.
"쓰는 돈이 내 돈이다."

돈은 써야만 다시 채울 수 있습니다. 평생 벌기만 하다가 어느 순간 보면 늙고 병들어 있는 나 자신을 발견할지도 모릅니다. 정작 돈을 써보려니 아파서 다니지도 못하고, 여행도 못하며, 좋은 집과 좋은 차도 크게 의미가 없어 질지도 모릅니다. 한 살이라도 젊었을 때, 좋은 집에 살고, 좋은 차를 타며, 좋은 음식을 먹으면서 여행도 가끔 다니면서 살기 바랍니다. 그렇다고 무분별한 소비를 하자는 의미는 아닙니다. 고생해서 번 돈을 건전하고 가치 있게 소비하자는 것입니다. 분명 자기 자신에 대한 위로와 격려가 있어야 다음 번 투자도 성공할 확률이 커집니다.

토지 투자는 매도했을 때 수익이 확정됩니다. 따라서 땅을 매입할 때 향후 얼마에 팔지 꼭 생각해야 합니다. 얼마나 싸게 샀는지는 중요한 것이 아닙니다. 비싸게 주고 사서 더 비싸게 팔린다면 결코 비싸게 산 것이 아닌 것입니다. 만약 싸게 샀는데 내가 처분해야 할 시점에 처분이 되지 않는다면 그냥 애물단지 땅일 뿐입니다. 땅 투자에서 일반인들이 가장 망설이는 바로 그 환금성이 위험요소가 되는 것입니다. 막상 그 상황이 오면 토지 투자를 후회하고, 앞으로는 더 토지 투자를 안 하게 될지도 모릅니다.

여유자금으로 투자하는 사람들만 있는 것은 아닙니다. 일정 목표 기간이 지나면 땅도 처분해야 하고 수익도 봐야 합니다. 그런데 급매로 내놓아도 안 나가는 경우가 있습니다. 이런 경우가 대부분 매도 적기를 놓쳤을 때입니다. 그래서 땅을 살 때부터 이 땅을 산 목적과 그 목적이 이루어질 땅을 사는 것이 가장 중요합니다.

시장은 매수자 우위 시장과 매도자 우위 시장이 있습니다. 땅은 매도자 우위 시장이 되어야만 팔 수 있습니다. 매수자 우위 시장에서 아파트는 급매로 팔 수 있지만, 땅은 팔 수 없습니다. 이점을 간과해서는 안 됩니다. 매도우위의 시장이 될 곳의 땅을 처음부터 사는 능력을 키워야 합니다. 그리고 단계별로 그 시장이 왔을 때, 매도할 수 있는 타이밍을 포착할 수 있는 능력을 길러야 합니다.

제가 앞에 설명해드렸던 토지 투자 5단계 사이클을 다시 한번 상기해보세요. 여러분은 투자를 위해 땅을 샀기 때문에 나름대로 개발계획을 보고 땅 투자를 한 것입니다. 그래서 항상 그 지역 부동산 정보를 민감하게 주시해야 합니다. 국토교통부나 통계청 등 관련 사이트를 통해 거래량을 보고 지역 신문과 카페 등을 통해 정보를 탐색해야 합니다. 앱 등으로 물량 변화 추이 등을 점검해보면서, 시장의 분위기를 늘 파악하고 있어야 합니다. 또한, 중개사무소에 자주 전화해서 분위기를 물어보고 파악해 봅니다. 그래서 제가 앞 강의에 공인중개사를 내 편으로 만들어야 하는 이유를 말씀드린 것입니다.

내 땅의 가치는 주관적이어서도 안 되고 객관적이어서도 안 됩니다. 이 둘을 합친 금액의 평균값이 바로 내가 매도할 금액이 되는 것입니다. 보통 땅 주인들은 자신의 땅 가치를 높게 평가하려는 경향이 있습니다. 반면 매수자들은 최대한 시세보다 싸게 사려고 합니다. 이 간격을 좁히는 역할이 바로 공인중개사들이 하는 역할입니다.

만약 개발로 인해 완전 매도자 우위 시장에서는 매도자가 부르는 가격으로 성사될 수도 있지만, 항상 잊지 말아야 할 점은 지금 매수자도 나중에 먹을 수 있는 파이 정도는 줘야 계약이 성사될 수 있습니다. 매도자가 앞으로 5년 뒤의 가치까지 현재 매도금에 포함시켜서 매도금액을 정하면 매수하는 사람은 이른바 먹을 것(수익)이 없습니다.

그래서 항상 매수자도 먹을 수 있는 파이 정도는 줘야 계약이 성사될 수 있다는 사실 명심하시길 바랍니다. 욕심부리다가 타이밍을 놓치고 나면 다시 매도 타이밍이 안 올 수도 있습니다. 현장에서 이런 매도인들이 자랑스럽게 하는 말이 있습니다.

"내가 10억 원을 준다고 찾아왔는데도 안 팔았는데, 5억 원에 팔라고? 내가 안 팔면 안 팔았지, 그 돈은 어림도 없어!"

저 같으면 10억 원을 준다고 하면 팝니다. 땅은 누가 팔라고 할 때가 가장 적절한 매도 타이밍입니다. 그때 너무 욕심내지 말고 적당한 선에서 협의하고, 매도하는 것이 매도의 기술입니다. 앞서 저분은 얼마 안 가서 연락이 옵니다. 5억 원으로 해주면 바로 살건가요? 이미 매수자는 다른 땅을 사버린 뒤입니다. 땅은 자존심으로 파는 것이 아니라는 사실을 잊지 마시길 바랍니다.

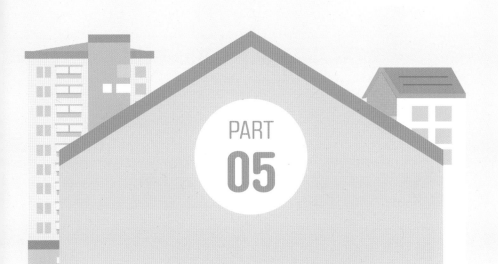

PART
05

소액 토지 투자
시뮬레이션

토지 투자로 돈 버는 방법

1 소액 토지 투자로 10년에 10억 원 만들기

　토지 투자에서 소액은 어느 정도의 금액을 이야기하는 것일까요? 소액이라는 기준 자체는 사람마다 다 다를 것입니다. 부동산 토지 투자를 많이 해본 제가 정의하는 소액의 기준점은 1억 원입니다. 1억 원이라는 금액은 어떤 사람에게는 고액이고, 또 어떤 사람에게는 소액일 수 있습니다. 물론 대출을 고려한 투자에서 실투자금은 훨씬 더 줄어듭니다. 제가 이렇게 소액 투자의 기준 금액을 1억 원으로 정한 이유가 있습니다. 토지는 아파트와는 다르게 정형화된 물건이 아닙니다. 아파트처럼 평형이 존재하는 것도 아닙니다. 보통 농지의 거래 기준이 1,000 m^2(약 300평) 이상이다 보니, 투자하기 가장 좋은 농지의 가격이 30만 원에서 40만 원 정도 가격대입니다. 그러면 농지의 경우 1억 원 정도로 투자하기 딱 좋은 금액입니다. 임야도 계획관리지역의 건축을 고려해서 딱 좋은 면적이 200평 전후입니다. 그러면 3.3 m^2당 50만 원 정도의 총액 1억 원 내외의 땅을 살 수 있습니다.

이 토지 투자는 지분 투자가 아니라 한 필지를 온전히 투자할 경우를 말씀드리는 것입니다. '나는 1억 원이 없어. 그래서 토지 투자는 못 하겠어'라고 생각하는 분들 계시겠지요. 맞습니다. 1억 원이라는 금액은 큰 금액입니다. 그런 분들은 더 적은 금액으로 투자할 수도 있습니다. 5,000만 원, 3,000만 원 심지어 500만 원으로도 살 수 있는 토지는 있습니다.

또한, 자금이 부족한 분들은 대출을 활용하면 됩니다. 대출을 받는다면 6 : 4의 법칙이 적용됩니다. 본인 자금이 40%이고 대출금액이 60%입니다. 본인 자금을 40%로 잡은 이유는 대출금액을 제외하고 들어가는 토지 매입비와 부대비용(취득세, 중개보수, 측량비용 등)을 합해서 넉넉하게 책정한 것입니다.

토지는 아파트처럼 대출 규제가 없습니다. 통상 일반 토지 매매에서 대출은 시세가 아닌 감정평가금액의 70~80% 정도 대출이 가능합니다. 물론 대출이자는 고려해야 될 부분입니다.

토지 대출이자율이 5% 정도 된다면, 6,000만 원을 대출받으면 월 25만 원 정도의 이자를 감당해야 합니다. 따라서 대출을 활용하는 경우의 토지 투자는 생각보다 훨씬 더 소액으로 투자할 수 있습니다.

결국, 1억 원의 토지를 사기 위해서 순수 내 자본금은 4,000만 원 정도 있으면 된다는 의미입니다. 어떤 사람들은 그래도 땅 투자를 하려면 3억 원에서 5억 원 정도는 있어야 하지 않느냐고 합니다. 하지만 토지 투자의 성패 여부가 자금 규모에 의해 판가름 나지 않습니다.

다만 총액이 큰 토지는 그만큼 경쟁이 적기 때문에 합리적인 가격에 위치 좋은 토지를 살 수 있다는 장점은 있습니다. 예를 들어 제주도 토지의 경우 제주살이 열풍으로 1억 원 이하의 100평 이하의 집 지을 수 있는 토지나 촌집의 수요는 엄청나게 많습니다. 그런데 그런 땅이 잘 없습니다. 그런데 1,000평에 10억 원 하는 땅은 있습니다. 그러면 쉽게 이야기해서 자금력이 있는 투자자는 이런 땅을 사서 분할 후 개인이 살 수 있는 크기로 만들어 수익을 남기고 팔면 됩니다. 최소 단기간 30% 이상의 수익은 납니다. 이처럼 소액 토지 투자를 하려면 자신의 투자 규모를 먼저 정확히 판단하고 토지 투자에 얼마를 투자할지 정해야 합니다. 그래서 소액 토지 투자로 10억 원을 만드는 방법을 알려드리겠습니다.

앞서 예시에서 설명해드린 10억 원의 30%면 3억 원이 세전 수익이라는 의미입니다. 똑같이 3,000만 원을 투자해서 10배를 벌면 3억 원입니다. 수익 금액은 같지만, 수익률은 1,000%입니다. 우리가 눈사람을 만들 때 눈의 핵을 만들 때는 눈을 뭉쳐서 다지고 단단하게 만들어 크기를 키울 때까지 시간이 걸립니다. 그런 뒤 어느 정도 크기가 커졌

출처 : 저자 작성

을 때는 눈덩이를 한 번만 굴려도 크기가 훌쩍 커집니다.

토지 투자는 이렇게 눈사람을 만드는 것과 비슷합니다. 3,000만 원을 3억 원으로 만들기는 어렵고, 시간이 오래 걸립니다. 그러나 3억 원을 6억 원으로 만들기는 어렵지 않고, 6억 원을 12억 원으로 만들기는 더 쉽습니다.

즉, 토지 투자는 금액대별로 완전 다른 시장이라는 사실을 꼭 염두에 두고 투자했으면 좋겠습니다. 그리고 수익률 몇 퍼센트의 함정에 빠지지 말고, 실제적 수익, 즉 총액 투자로 부자가 되시길 바랍니다.

일반인들에게 토지 투자로 수익을 볼 수 있는 가장 확률이 높은 방법은 보상투자입니다. 소액 땅 투자를 위해서는 2가지를 준비해야 합니다.

첫 번째는 최소한의 지식입니다.

경매 지식과 토지 지식이 합해져야 비로소 고수익이 가능한 분야가 땅 투자입니다. 토지 지식은 이 책을 통해 기본적인 토대를 마련하시면 되고, 토지 경매는 그렇게 어렵지 않으니 꼭 공부하시기 바랍니다.

두 번째는 최소한의 종잣돈을 마련해야 합니다. 3,000만 원에서 5,000만 원 정도로도 충분히 시작할 수 있습니다. 이 두 가지가 마련되었다면 이제 본격적으로 투자를 시작합니다.

소액 토지 투자 원리

경매　지식　토지　→　고수익

출처 : 저자 작성

② 소액 토지 투자의 방향 설정 방법

　소액 토지 투자의 방향을 설정할 때, 중요한 것은 자금 계획은 너무 빡빡하게 잡지 말고, 조금 여유 있게 잡고 금액별 투자를 고려해야 한다는 것입니다. 항상 계획했던 것보다는 더 들어가는 상황이 많기 때문에 준비를 해야 합니다. 그리고 금액대별로 중복으로 사용할 수 있는 방법이 있습니다. 이 부분도 본인의 성향에 맞게 고려하시면 될 듯합니다. 소액 투자에서는 2가지 투자 방향성이 있습니다.

　첫 번째는 타깃 투자이고 이는 보상을 노린 투자 방법입니다. 두 번째는 확률 투자이고 개발지역 인근에 투망을 치듯 소액 분산 투자로 보상 또는 지가급등 후 매각 방식입니다.

5,000만 원 이하로 하는
소액 토지 투자

1 5,000만 원 이하로 소액 투자하는 법

5000만 원 이하 투자는 대표적인 타깃 투자의 방법으로 해야 하고 이 금액대는 일반 중개물건으로 찾기는 힘듭니다. 그래서 경매와 공매를 통해 매입해야 하고 기본적인 경매 공부 정도는 해야 합니다.

특히 토지 경매는 임차인이 없는 경매이다 보니 권리분석이 상대적으로 쉽습니다. 경·공매에서 토지는 몇십만 원부터 몇백만 원, 몇천만 원 등 골라가면서 투자할 수 있고 생각보다 소액 토지가 엄청 많이 있습니다.

그 많은 물건 중에 누가 과연 돈 될 물건을 찾아서 낙찰에 성공하느냐가 관건입니다. 그리고 5,000만 원 이하 토지 경·공매에서 돈을 벌 수 있는 아이템은 '보상'입니다.

2021년 말 뉴스를 떠들썩하게 했던 LH 직원의 농지투자가 바로 대표적인 보상 투자입니다. 이들은 내부정보로 한방에 큰돈을 벌기 위해 대규모 금액을 투자했습니다. 이 보상 투자도 여러 방법이 있는데, 투자 기간이 길지 않고 국가나 공기업으로부터 현금청산을 받을 수 있는 아주 확실한 토지 투자의 방법입니다.

② 미지급용지 투자로 수익 내기

미지급용지는 종전에 시행된 공공사업의 용지로, 보상금이 지급되지 않은 토지를 말합니다. 그래서 예전에는 미불용지라고 불렀습니다. 원칙적으로 공공사업에 편입된 토지는 사업 시행 이전에 보상해야 하지만, 사업 주체가 예산이 부족해서 보상이 지연되고 있는 것입니다. 예를 들어 공원으로 지정되었지만, 장기간 토지가 보상되지 않고, 도로로 사용 중이면서 보상이 안 된 토지가 해당합니다. 미지급용지는 법원에 보상을 청구하는 소를 제기해서 확정판결을 받으면 보상받을 수 있습니다. 이때 미지급용지의 가격은 감정평가사가 공익사업에 편입될 당시의 이용 상황을 상정해서 평가합니다. 만일 그 당시의 이용 상황을 알 수 없으면, 당시의 지목과 인근 토지의 이용 상황 등을 고려해서 평가합니다.

개인이 건축을 목적으로 진·출입 도로를 만든 '사도'는 미지급용지가 될 수 없습니다. 특히 수용할 때 보상금 지급하지 않은 땅이 경매와 공매로 가끔 나오는 땅으로 잘 알아봐야 합니다. 보통 수용 시 저당권이나 압류 등이 설정된 경우 말소되지 않으면 보상지급이 되지 않습니다. 그 저당권이나 압류 등으로 인해 결국 경·공매로 나오게 되는 것입니다.

수많은 물건 중에서 손품을 팔아서 찾아야 하지만, 찾는다면 수익이 보장되는 안정적인 물건입니다. 만약 지장물이나 건물이 있으면 더 보상을 많이 받기 때문에 이런 물건을 잘 찾아봐야 합니다. 다만, 최근에는 유튜브나 재테크 카페 등에 이 방법이 많이 알려져서 경쟁이 치열해졌습니다. 이런 물건을 찾더라도 입찰가는 분위기에 휘둘리지 말고 본인이 판단하는 기준과 원칙을 잘 정해서 입찰해야 합니다. 돈을 버는 것도 중요하지만, 더 중요한 것은 잃지 않는 것입니다.

다음 물건은 최근에 입찰을 위해 유심히 봤던 미지급용지 경매 물건이었는데 2회 차에 낙찰되었습니다. 생각보다 높은 가격에 낙찰되었지만, 최소한의 수익은 볼 수 있는 물건이었습니다.

출처 : 경매락

주의사항

1. 감정평가를 할 때 도로를 개설하기 전의 상황으로 감정평가를 진행하기 때문에 보상가 산정을 신중하게 해야 합니다.
2. 지자체 사정으로 보상금이 지체될 수 있습니다.
3. 이미 보상금을 받고 토지사용 승낙을 한 경우가 있으니 지자체에 철저히 확인해야 합니다.
4. 보상이 완료되었으나 등기를 하지 않은 경우도 종종 있으니 지자체 담당자에게 철저히 확인합니다.

미지급용지를 찾는 방법을 알려드리겠습니다. 경매 사이트에서 소액이면서 지적도상 도로에 포함되어 있는데, 지목이 도로로 변경되지 않은 토지를 찾습니다.

앞의 경매 사례 물건도 지목은 '답'이지만 현황은 도로였습니다. 하지만 지목이 도로로 변경된 물건 중에서도 해당할 수 있으니, 몇 배수로 압축한 예상 물건을 찾습니다. 그리고 예상되는 토지를 찾으면, 토지대장이나 임야대장 열람으로 합병분할 지목변경 시점을 확인해서 예측합니다. 근처 도로의 토지를 찾아보고, 소유권 이전과 이전 시점이 비슷하거나 국가 지자체로 소유권 이전된 것을 확인하면 확률이 아무래도 높아지겠지요. 이런 판단이 서면 이후 지자체 미지급용지 담당자에게 확인을 해봐야 합니다.

보상 여부 확인 방법

1. 지자체에 전화로 문의
   가장 간편하고 손쉽게 알아낼 방법입니다. 보통 지자체 토지관리과에 전화해서 문의하면 담당자가 보상 여부를 알려줍니다.

2. 정보공개청구를 통한 문의
   정보공개포털에서 문의하면 되는데, 시일이 걸린다는 단점이 있으나, 답변이 근거가 될 수 있습니다.

출처 : 정보공개포털

이와 같은 과정을 통해 미지급용지를 찾아야 합니다. 하나하나 일일이 찾아보고 문의하는 것이 귀찮겠지만, 이것이 곧 수익으로 이어질 수 있으니 감수해야 할 일입니다. 이런 과정을 통해 적당한 물건을 찾았다면 마지막으로 보상가를 추정해서 투자 여부를 결정해야 합니다.

여러 방법을 종합적으로 고려해봐야 하는데요. 먼저 담당자에게 물어보면 대략 알려줍니다. 그리고 나서 관련 앱(디스코, 밸류맵, 땅야 등)을 통해서 인근 보상사례를 찾아봅니다. 혹시 대규모로 보상이 이루어지는 경우 인근 지역에서 수소문하면 알 수 있으니, 현장을 방문해봅니다. 감정평가서에 인근 보상사례가 기재가 된 경우는 그 금액을 참고해서 최종 보상금액을 추론해보고 입찰가와 비교해서 투자하면 됩니다.

③ 도로 경·공매로 수익 내기

지목이 도로인 경매 물건은 정말 많습니다. 그중에서 잘 고르면 돈이 되는 땅을 찾을 수 있는데요 넓은 의미에서 도로 경매 또한 미지급용지로 보상을 받기 위한 목적이 비슷한 투자 방법입니다. 다만 비슷하지만, 특정 테마가 있는 투자입니다. 따라서 도로로 나온 물건 중 위의 미지급용지를 찾는 방법과 동일한 방법으로 진행하면 됩니다. 아래 사진의 물건은 온비드 공매에 나온 물건입니다(샘플 사례로 투자 대상이 아님을 알려드립니다).

또한, 재개발 지역 도로 물건 투자 방법이 있습니다. 재개발 지역에 $90m^2$를 소유하면 입주권을 받을 수가 있습니다. 그리고 $90m^2$가 안 되면 강제 청산되기 때문에 유의해야 합니다. $90m^2$ 이하라면 다른 사람에게 매도하거나, $90m^2$로 만들기 위해 다른 도로를 구매해야 합니다. $90m^2$ 이하 시 2가지 행위 중 아무것도 하지 못하면, 헐값에 청산되어버

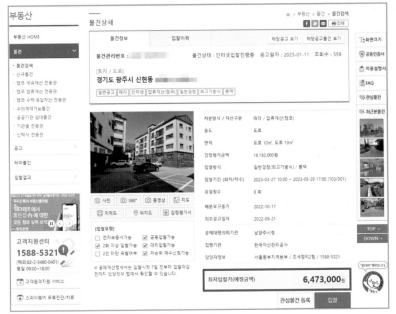

출처 : 온비드

출처 : 토지이음

려 손해가 예상됩니다.

재개발 지역 도로 땅은 인기가 많기 그 때문에 가격을 높게 써야 낙찰받을 수 있습니다. 다만 재개발 지역 내 경·공매는 경쟁자가 상당히 많아 기준 금액 이상 낙찰되는 경우가 많으니, 내가 정한 금액 이상으로 낙찰받지 않도록 주의해야 합니다.

경매 사이트를 통해 물건을 찾는 방법도 있습니다. 요즘 경매 사이트는 여러 가지 검색 기능이 있습니다. 제가 쓰는 사이트에서는 '개발정보물건' 검색 기능이 있는데 도시개발사업, 도시환경정비, 주택재개발 등 여러 개발정보 지역의 물건을 검색할 수 있습니다.

다른 경매 사이트에도 이런 기능이 있으니, 일주일에 몇 번, 몇 시간씩 검색한다는 식으로 나만의 루틴을 만들어 꾸준히 검색하는 습관을

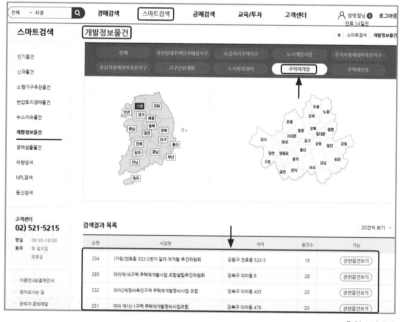

출처 : 경매락

들이길 바랍니다. 부정기적이고 즉흥적인 매각 물건 검색은 좋은 물건을 찾기 어렵습니다. 매각 물건 검색도 습관을 잘 들이시길 바랍니다.

4 지분경매로 수익 내기

지분 입찰은 일반인들은 많이 어려워하는 분야입니다. 하지만 잘 살펴보면 확실한 수익 구조가 있습니다. 여러 사람의 소유로 된 부동산을 공유자 중 한 명이 사용하거나, 처분하기는 쉽지 않습니다. 또한, 경매 시 다른 공유자가 입찰할 때, 최고가 매수신고가격과 동일한 가격으로 채무자의 지분을 우선 매수할 것을 신고하게 되면, 법원은 최고가 매수신고를 했어도 공유자에게 경락을 허가해서 이제까지 노력이 수포가 되어 허탈한 예도 있습니다.

그래서 일반 입찰자들은 지분경매에 많은 관심을 두지 않고 있습니다. 반대로 생각해보면 그만큼 경쟁자가 적다는 이야기도 됩니다. 또한, 개별매각의 경우에는 공유자의 우선매수권이 허용되나, 일괄매각의 경우 매각대상 부동산 중 일부에 대한 공유자는 매각대상 부동산 전체에 대해 공유자의 우선매수권을 행사할 수 없습니다.

여러 개의 부동산을 일괄매각하기로 한 경우에 일부 부동산에 대해 공유자는 전체에 대해 공유자의 우선매수권을 행사할 수 없으므로, 덩치가 큰 토지 경매에서 아주 소액인 토지의 지분경매는 나중에 큰 수익으로 돌아올 수 있습니다.

저도 경매 법정에 정기적으로 가봅니다. 집행관이 "공유자 우선 매수 신청할 분 있습니까?"라고 물어보는데 신청하는 경우는 극히 드뭅니다. 보통 공유자들은 자금 여력이 없거나 법에 무지해서 우선매수청구권 제도가 있는지조차 모르는 예도 많습니다. 공유자 간의 도의적인 문제 때문에 섣불리 입찰에 참여하지 못한 예도 있으므로, 투자 가치만 있다면 적극적으로 입찰해보는 것이 좋습니다.

경매는 경험 또한 중요하니까 많이 낙찰에 실패하다 보면 내공이 쌓입니다. 그리고 현장조사를 하다 보면 내부 사정을 알게 되는 경우도 많아 도움이 됩니다. 다양하게 접근하는 것이 좋습니다.

그러면 지분경매로 어떤 수익구조를 가지고 갈 것이냐를 고민해봐야 겠지요. 지분경매에는 전략이 필요합니다. 예를 들어 싼 가격에 지분을 낙찰받으면 이를 다른 공유자에게 높게 매각하거나, 반대로 다른 공유자지분을 싸게 매입했을 때, 경매에 나오면 우선매수권 행사를 행사해서 받는 방법이 있습니다. 이를 위해 협의를 진행하거나 필요하면 공유자에게 분할 협의를 해봅니다. 협의가 안 되면 공유물분할청구 소송을 통해 경매로 진행하는 전략을 가지고 갑니다.

공유물 분할방법은 법원에 공유물분할 청구 소송을 내면 대부분 공유물분할을 경매로 진행하게 됩니다. 법원에서는 통상 형식적 경매를 통한 현금으로 돈으로 바꾸어, 지분만큼 현금으로 청산하기 때문에 기존 공유자에게는 손실로 이어지게 됩니다. 그러므로 공유자 간의 협의가 될 수 있습니다. 경매로 진행되더라도 지분 모두가 나오기 때문에 지분경매 낙찰로 취득한 금액보다 훨씬 높은 금액으로 배당받을 수 있게 됩니다. 공유자는 다른 공유자의 동의 없이 공유물을 처분하거나 변경하지 못합니다. 개발하려 해도 소수 지분권자가 동의하지 않으면 힘들다는 것이지요. 지분 처분은 자유롭지만, 관리행위를 하려면 과반수의 지분이 있어야만 합니다. 과반수 미만의 지분이 경매에 나오면 관리권한이 없으므로 가격이 더 내려가게 됩니다. 그래서 더 싸게 살 수 있습니다. 그렇게 싸게 낙찰받고 나서는 나머지 공유자를 상대로 토지 분할요구를 합니다.

토지의 경우는 투기 방지를 위해 지자체의 조례로 여러가지 규제가 있을 수 있습니다. 특히 분할 조건이 대표적인데요. 용도지역이 녹지지역이나 관리지역, 농림지역, 자연환경보전지역 안에서 너비 5m 이하로 나누는 경우 제한될 수 있습니다. 최소 면적 제한도 있습니다. 특히 제주도의 경우는 1년에 2필지까지만 분할해준다는 조건 등 으로 까다롭습니다. 따라서 토지 지분을 취득해서 현물 분할을 하고자 한다면 관계법규에 따른 제한사항을 잘 살펴서 분할이 가능한지를 확인해야 합니다.

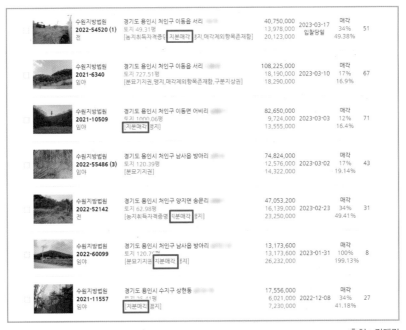

출처 : 경매락

토지 경매는 앞의 경우처럼 소액으로 지분 투자할 수 있는 물건은 많이 나옵니다. 그런 물건 중에서 분할 또는 공유물 우선 매수청구, 경매로 현물 분할 등의 여러 경우의 수를 예상해보고 입찰하는 전략을 가져가면 됩니다.

5,000만 원 이상으로 하는
토지 투자

1 1억 원 이하로 하는 토지 투자

1억 원 이하의 토지 투자도 타깃 투자로 방향을 정해야 합니다. 앞서 말씀드린 5,000만 원 이하의 투자에서 미지급용지와 도로 등의 경·공매 방법을 그대로 사용해도 됩니다. 추가로 더 가능한 분야가 도시계획 도로 내 수용될 토지를 선별해서 투자하는 방법입니다. 이 방법도 경매와 공매를 이용해야 합니다.

이 사례는 고양시 창릉 신도시 내의 토지 매각 물건으로 계획도로에 포함되어 보상을 받을 수 있는 물건입니다. 전체 토지가 보상을 받을 예정이므로 보상 투자의 개념으로 보셔도 됩니다.

첫 번째 매각에서는 보상가 산정을 잘못해서 낙찰자가 대금 지급을 미납했습니다. 재경매에서는 첫 번째 낙찰가격을 봐서 낮은 금액으로 낙찰이 되었습니다. 감정가격의 135% 정도에 낙찰되어도 보상금 산정

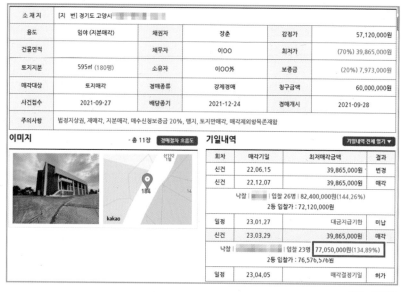

소재지	[지 번] 경기도 고양시 ▨▨▨ ▨▨▨				
용도	임야 (지분매각)	채권자	장춘	감정가	57,120,000원
건물면적		채무자	이○○	최저가	(70%) 39,865,000원
토지지분	595㎡ (180평)	소유자	이○○外	보증금	(20%) 7,973,000원
매각대상	토지매각	경매종류	강제경매	청구금액	60,000,000원
사건접수	2021-09-27	배당종기	2021-12-24	경매개시	2021-09-28
주의사항	법정지상권, 재매각, 지분매각, 매수신청보증금 20%, 맹지, 토지만매각, 매각제외항목존재함				

이미지 — 총 11장

기일내역

회차	매각기일	최저매각금액	결과
신건	22.06.15	39,865,000원	변경
신건	22.12.07	39,865,000원	매각
낙찰	▨▨▨ 입찰 26명	82,400,000원(144.26%)	
	2등 입찰가 : 72,120,000원		
일정	23.01.27	대금지급기한	미납
신건	23.03.29	39,865,000원	매각
낙찰	▨▨▨▨ 입찰 23명	**77,050,000원(134.89%)**	
	2등 입찰가 : 76,576,576원		
일정	23.04.05	매각결정기일	허가

출처 : 경매락

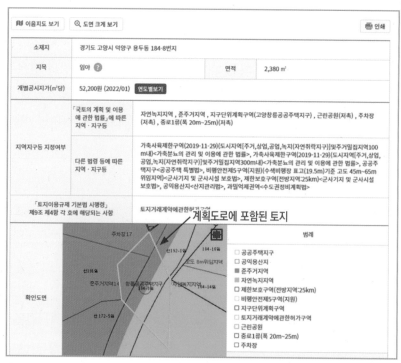

출처 : 토지이음

시 수익이 날 수 있다고 판단되어 낙찰된 사례라고 보입니다. 여러분들도 이런 물건을 검색해서 찾아낼 수 있는 능력을 키워야 합니다. 보물은 지천으로 널렸지만, 그게 보물인지 아닌지 볼 수 있는 안목이 있어야 한다는 사실 잊지 마세요.

도시계획시설 도로 사업의 순서

1단계 : 도시계획시설 도로 결정(빨간선)
2단계 : 단계별 집행계획 수립
3단계 : 실시계획인가 고시
4단계 : 보상계획 공고
5단계 : 착공 준공

도시계획시설 도로 사업의 순서 5단계 중에서 우리가 투자할 수 있는 단계는 3단계 이상의 단계입니다. 1, 2단계의 경우 최장 20년 동안 사업 기간이 될 수 있는데, 너무 일찍 투자하면 장기간 자금이 묶일 수 있습니다. 최소 3단계 실시계획인가 고시 이후의 토지를 투자해야만 보상 투자의 기간과 목적에 맞는 토지가 된다는 사실 잊지 마셔야 합니다. 투자 전에 지자체 담당자에서 현재 이 토지가 어느 단계에 와 있는지를 확인해야 합니다.

도시계획시설 도로의 경우 최장 20년까지 사업을 진행하지 못했을 경우 장기 미집행 사업으로 해제할 수 있습니다. 장기 미집행 도시계획시설이란 결정·고시 이후 10년 이상 해당 시설사업이 시행되지 않은 도시계획시설을 말합니다. 특히, 결정·고시일로부터 20년 동안 사업이 시행되지 않으면 '국토의 계획 및 이용에 관한 법률'에 따라 자동으로 도시계획시설 결정 효력을 잃게 됩니다. 때에 따라서는 좋은 수도 있고, 상관없을 수도 있습니다. 그것은 해당 토지의 위치와 주변 상황을 종합적으로 고려해서 판단해야 합니다.

도로 정보공개 청구 시 질문 내용

- 다음 시설이 도시계획시설로 집행이 되었는지 알고 싶습니다.
- 해당 시설의 최초 결정 고시된 날짜가 언제인지 알고 싶습니다.
- 만약 집행되었다면 미집행도시계획시설수립내용(사업 기간, 연도별 사업비, 실효 시)이 궁금합니다.
- 만약 집행되었다면 매수 대상에 해당하는지 알고 싶습니다.
- 해당 토지가기 보상명세가 있는지, 다른 건축상의 기부채납이나 공탁사항이 있는지 다음 매수 대상이 맞다면 관련된 예산은 어느 정도 책정이 되어있는지 궁금합니다.
- 다음 매수 대상이 맞다면 관련된 접수 건수는 몇 건인지 알고 싶습니다.

---

2 2억 원 이하로 하는 토지 투자

2억 원 이하 구간부터는 좀 느긋하게 토지 투자를 할 수 있습니다. 이제부터 확률 투자로 방향을 잡습니다. 대표적인 10년 만에 10억 원 만들기 프로젝트를 할 수 있는 구간입니다. 투자 방법을 소개해드리겠습니다.

첫 번째로 먼저 소액으로 땅을 사기 위해서는 경매와 공매에서 물건을 찾아야 합니다. 일반 중개사무소에서는 소액 땅은 잘 취급하지 않기 때문입니다. 특히 신도시, 대규모 공장유치 확률이 많은 수도권의 경기도 일대 농지, 임야 또는 지방이지만 확실한 국책사업 지역 인근 등 내가 투자할 수 있는 금액 안의 토지를 집중적으로 검색합니다. 몇백만 원부터 몇천만 원까지 소액의 토지는 지분이든 한 필지든 가리지 않고 검색합니다. 그 중 이미 공개된 개발계획과 비교해 나름 10년 정도 예측해봅니다.

이 단계에서는 많은 손품이 필요합니다. 여기서 중요한 점은 최소 세 군데에서 다섯 군데 이상의 분산 투자가 필요합니다. 왜냐면 어느 지역에 투자한 땅이 로또를 맞을지 알 수 없기 때문입니다. 확률의 법칙을 이용하는 것입니다.

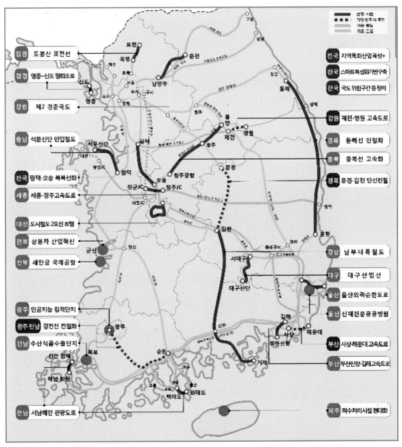

출처 : 국가균형발전위원회

앞의 자료는 2019년 국가균형발전위원회에서 발간한 지도입니다. 전국의 교통망 개선지역 중 2019년 1월 현재 예비타당성조사 면제 대상 사업으로 선정 추진 중인 사업을 지도로 표시해놓은 것입니다.

예를 들면 이런 자료를 통해서도 투자 지역 선정을 하는 데 도움을 받을 수 있습니다. 만약 내가 가용할 수 있는 자금이 1억 원이라면 자료에 나와 있는 개발될 지역 중 확실히 개발사업이 추진될 곳을 나름 선정합니다. 3,000만 원씩 들여 세 군데를 삽니다. 1억 5,000만 원으로는 3,000만 원짜리 다섯 군데를 살 수 있습니다. 2억 원 정도 있다면 4,000만 원짜리 다섯 군데 정도 사면 됩니다.

본인의 자금에 맞게끔 세 군데에서 다섯 군데까지 분산 투자를 합니다. 우리는 대출을 받지 않았기 때문에 기다릴 수 있습니다. 보통 땅이 개발로 보상받는 시기는 개발의 주체와 규모 정책의 선후 집행 등 여러 요인으로 인해 차이가 있지만 빠르면 2~3년 정말 늦어도 5년 정도 안에는 보상이 시작됩니다. 용인시 처인구 원삼면의 하이닉스 반도체 부지가 발표일로부터 4년이 지나서 보상이 시작되었으니 참고하시면 됩니다.

이렇게 분산 투자해놓은 토지 중에 한두 군데 정도는 5년 안에 개발로 인해 보상을 받을 확률이 높습니다. 수용된다면 최소 3~5배고, 수용되지 않는 인접 지역인 경우는 오히려 10배 이상 땅값이 오릅니다.

예를 들어 9,000만 원으로 3,000만 원의 토지 세 군데 중 한 군데가 5배 정도 오르면 합산해서 2억 1,000만 원의 자산을 보유할 수 있습니다.

> 3,000만 원 × 5배 = 1억 5,000만 원
> 6000만 원 → 기존 투자 토지
> 합산 2억 1,000만 원 자산 보유(양도소득세는 고려하지 않음)

그다음 수익을 본 1억 5,000만 원은 다시 똑같은 방식으로 5,000만 원짜리 토지를 세 군데 삽니다. 이렇게 반복하시면 10년 차가 되는 시점에는 10억 원 정도는 충분히 모을 수 있습니다. 소액으로 분산 투자해서 수익분 금액을 재투자하는 방식이 방법이 소액으로 부자가 될 수 있는 가장 안전하고 확실한 방법입니다.

5,000만 원 이하 투자에서는 치열한 손품과 공부 등 신경 쓸 게 많은 투자를 해야 합니다. 하지만 이 금액대에서는 그물 치듯 개발지 주변의 땅을 사놓고 느긋하게 기다리면 어느 순간 고기가 그물에 걸립니다. 일단 걸리면 대어이기 때문에 큰 수익을 볼 수 있습니다. 땅은 한번 호재를 만나면 무섭게 올라갑니다.

앞으로 정부는 인구의 서울 집중 현상을 분산시키고 지방 분권 활성화 같은 정책을 더 추진할 것입니다. 그에 따라 개발지역은 더 늘어날 예정입니다.

이번에 그 확실한 사례가 또 나왔지요. 2023년 3월 15일에 정부에서 발표한 수도권 반도체 클러스터 구축과 지방에 14개 국가 첨단산업단지를 신규 조성발표 등과 같은 국책사업 주변 개발지 인근에 땅을 앞선 방식으로 매입해두었다면 어땠을까요? 보상을 받아 반복적인 재투자로 돈을 버는 방법 등을 활용하면, 소액으로 충분히 10억 원 만들기가 가능합니다.

첨단국가산업단지 후보지							
	후보지	면적	중점산업		후보지	면적	중점산업
경기	용인 시스템반도체	710만㎡	반도체	전북	완주 수소특화	165만㎡	수소저장활용 제조업
대전	나노·반도체	530만㎡	나노·반도체, 우주항공	경남	창원 방위· 원자력 융합	339만㎡	방위, 원자력
충청	천안 미래모빌리티	417만㎡	미래모빌리티, 반도체	대구	미래 스마트기술	329만㎡	미래자동차· 로봇
	오송 철도클러스터	99만㎡	철도	경북	안동 바이오생명	132만㎡	바이오의약 (백신, HEMP)
	홍성 내포신도시 미래신산업	236만㎡	수소·미래차, 2차전지 등		경주 SMR (혁신원자력)	150만㎡	소형모듈원전 (SMR)
광주	미래자동차	338만㎡	미래차 핵심부품		울진 원자력수소	158만㎡	원전 활용 수소
전남	고흥 우주발사체	173만㎡	우주발사체	강원	강릉 천연물 바이오	93만㎡	천연물 바이오
전북	익산 국가식품 클러스터 2단계	207만㎡	식품 (푸드테크)		총 15개소, 4,076만㎡		

출처 : 국토교통부

❸ 2억 원 이상으로 하는 토지 투자

2억 원 이상의 금액으로 토지 투자를 하실 분들은 앞의 투자 금액 구간 시뮬레이션에서 본인에게 맞는 방법을 선택하셔도 됩니다. 이제 이 구간은 굳이 경·공매 아니더라도 안정적으로 중개사무소를 통해 물건을 구할 수 있습니다.

전국 지역 중 신도시 초기의 지역을 찾아보고 기반시설과 도로와 필지 구획이 끝났지만, 아직 건축이 시작되지 않는 지역을 선별해서 일반주거지역 토지를 매입합니다. 통상 신도시의 건축이 시작되면 건설근로자들이 거주할 방이 필요합니다. 그로 인해 다가구주택(일명, 원룸 건물) 건축 붐이 일어납니다. 그런 건물을 지을 수 있는 일반주거지 땅값이 올라가게 되는 것입니다. 통상 5년~10년 정도 도시가 만들어지는 과정에서 땅값은 3~4배 정도 올라갑니다.

▲ 신도시에서 다가구주택을 건축 중인 모습 　　　　　　　　　출처 : 저자 작성

약간의 개발행위와 건축을 가미한 투자를 고려해보시면 좋습니다. 2억 원 이상의 토지 투자부터는 수익률 투자보다는 총액으로 얼마를 벌 수 있는지에 초점을 맞춰야 합니다. 3,000만 원을 투자해서 1,000% 수익률이면, 3억 원입니다. 3억 원을 투자해서 200% 수익률이면 3억 원을 버는 것입니다. 이 구간부터는 수익률의 함정에서 나와서 총액이 주는 투자의 재미를 느낄 수 있습니다.

토지 투자 사례

① 못생겨서 팔리지 않는 땅! 건물로 수익 낸 사례

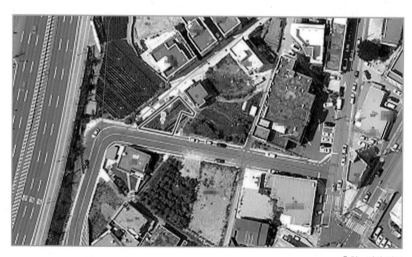

출처 : 저자 작성

매입 시기 : 2016년

대지 면적 : 194㎡(약 59평)

전체 면적 : 396.61㎡(약 120평)

지상 4층 건물(상가주택) : 상가 1호실, 1.5룸 9호실

토지 매입비 + 부대비용 : 2억 7,000만 원

건축비용 + 부대비용 : 4억 원

총매입원가 : 6억 7,000만 원

매도 가격 : 8억 원

매매 차익 : 1억 3,000만 원

　이 토지는 대표적으로 모양이 부정형으로 생겨서 지적도만 봤을 때는 일반인들이 접근하기 쉽지 않은 토지였습니다. 따라서 매도인이 팔려고 내어놓은 지 오랜 시간이 지났지만, 매도가 잘 안 되는 상황이었습니다. 그래서 시장 가격보다 3.3㎡당 100만 원 이상 싸게 매입했습

건축 임시설계 도면

출처 : 저자 작성

니다.

　이미 이 토지 주위에는 다가구주택이 많이 있었고, 주변에는 산업단지가 있어서 1인 근로자들의 수요가 확인된 상황이었습니다. 건축을 해서 매매할 계획으로 매입해서 도면을 그렸습니다. 1층 상가의 경우는 미용실이나 네일아트숍 등 1인 가구가 많은 지역에 수요가 있는 상가임차를 노리고 상가를 자그마하게 계획했습니다. 2, 3, 4층은 방 1개, 거실 1개로 구성된 1.5룸을 각 층당 3호실씩 배치해서 총 10호실의 상가와 세대를 구성했습니다.

　그리고 건축도면을 그리는 것과 동시에 주변 중개사무소에 도면 상태로 매수자를 찾았고, 8억 원에 매매계약을 체결했습니다. 실제로 매수자로서는 자부담금액 3억 4,500만 원을 지급하고, 나머지 대금은 향후 임대보증금과 대출금으로 지급하기 때문에 아주 만족하셨습니다. 큰 부담 없이 매월 420만 원 정도의 월세 순수익을 가져갈 수 있게된 것입니다. 이렇게 건축도면 상태에서 매도하다 보니, 실제 투입된 비용은 1억 원 정도고, 나머지 건축비용은 매수자에게 받은 자부담비용으로 처리했습니다. 4개월 정도 후 건물을 준공했습니다.

　결국, 사람들은 토지일 때는 토지 모양을 보지만 건축을 하고 나면 토지의 모양은 중요하지 않고 건물에만 집중합니다. 그 건물에서 발생하는 수익에 만족스러우면 되는 것입니다. 이 점을 노려서 이런 건축을 통해 수익을 낼 방법을 사용한 것입니다. 발상의 전환으로 수익을 본 사례입니다.

▓▓▓▓ ▓(상가주택건물)

대 지	194.00 ㎡			58.69 평		건축연적 396.61 ㎡		119.97 평
상가	1호실			원룸 9호실		투룸		주인세대계

층수	호수	용역	면적	보증금	월세	비고
1F	101호	상가		10,000,000	900,000	10평
2F	201호	원룸		5,000,000	500,000	
	202호	원룸		5,000,000	500,000	
	203호	원룸		5,000,000	500,000	
3F	301호	원룸		5,000,000	500,000	
	302호	원룸		5,000,000	500,000	
	303호	원룸		5,000,000	500,000	
4F	401호	원룸		5,000,000	500,000	
	402호	원룸		5,000,000	500,000	
	403호	원룸		5,000,000	500,000	
						관리비포함
				55,000,000	5,400,000	
		합계		보증금	월세 및 관리비	
				55,000,000	5,400,000	

매매예정금액	>>>>>>>>>>>>>>>>>>>>>>>>>	→	800,000,000
임대보증금	→ 55,000,000 월임대료수입 →		5,400,000
월임대료수입 * 12 = 연간임대료수입			64,800,000
대출예정금액	→ 400,000,000 대출이자 (월) →		1,133,333
대출이율 (년)	→ 3.40% 대출이자 (년) →		13,600,000

월 수입 (대출이자차감)	>>	5,400,000	−	1,133,333	→	4,266,667
연간수입(대출이자차감)	>>	64,800,000	−	13,600,000	→	51,200,000
투자금액 (현금 자부담)		매매금액 − 임대보증금 − 대출예정금액			→	345,000,000
투자대비 연간수익률	>>	투자금액 (현금 자부담) / 연간수입 (대출이자차감)		*100	→	14.84%

*대출이율은 예시이며 건축주의 신용도와 대출한도에 따라 변경될 수 있습니다.
*임대차 금액은 향후 임대차시세에 따라 증감될 수 있으며 현재시세 기준으로 작성됨.

출처 : 저자 작성

▲ 기초 타설 후 모습   출처 : 저자 작성

▲ 준공 후 건물   출처 : 저자 작성

② 도심 내 농지에 투자해서
2억 원으로 1년에 10억 원 번 사례

개발 전후 비교

출처 : 카카오맵

1차 투자(총 6필지로 분할 후 건물 6개 동 신축)

매입 시기 : 2017년

대지 면적 : 1990㎡(약 602평)

전체 면적 : 647㎡(약 198평), 건물당(총 6채 신축)

지상 4층 건물(상가주택) : 건물별 상가, 주택 개수 상이

토지 매입비 + 부대비용 : 20억 원(한 필지당 3억 3,000만 원)

건축비용 + 부대비용 : 26억 4,000만 원(한 건물당 약 4억 4,000만 원)

총매입원가 : 46억 4,000만 원

매도 가격 : 66억 4,000만 원

매매 차익 : 20억 원(2인 공동 투자)

투자 물건을 찾던 중 초등학교와 아파트가 있는 곳에 벼농사를 짓고 있던 도심 내 농지를 발견했습니다. 어떤 그림을 그려야 할지 고민하다가 초등학교 바로 앞이라는 지리적 특성을 고려해서 1층, 2층은 상가를 넣었습니다. 3층은 임대주택, 4층은 주인세대를 넣은 상가주택을 계

획하면 임대와 매매 두 마리의 토끼를 다 잡을 수 있다는 판단을 하고 실행했습니다. 다음 왼쪽 자료는 개발 전 농지와 주택이 있던 모습이고, 오른쪽 자료는 개발 후 건축이 되어 상가주택 9개 동이 건축된 모습입니다. 완전히 상권 자체를 바꿔놓은 토지 개발 사례입니다.

출처 : 카카오맵

초기 자금은 2인이 각각 2억 원씩 공동 투자했습니다. 토지 계약금으로 3억 원을 집행했고, 1억 원은 취득세를 냈습니다. 정확히 토지만 대출을 받아 살 수 있는 상황이었습니다. 그래서 다시 건축도면 상태로 매매할 계획을 세우고 도면을 그렸습니다.

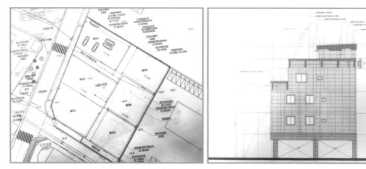

출처 : 저자 작성

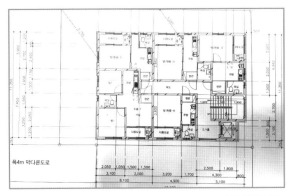

출처 : 저자 작성

이렇게 도면 작업 후 공인중개사를 통해 수익률 예상 현황표를 만들어 매매를 시작했습니다. 본인 자금 3억 4,000만 원만 있으면, 매월 520만 원의 월세를 받을 수 있는 건물주가 됩니다. 순식간에 앞쪽 4개 동 건물이 도면 상태에서 매매가 끝났습니다.

총매매금액에서 대출금액과 추후 임대차할 때 받을 보증금을 제외한 본인 자금을 받아서 건축비용을 사용해서 건축을 시작했습니다. 안쪽 건물 2개 동은 상가가 없는 구조의 다가구주택(원룸형 구성)이다 보니 조금 늦게 매매가 되었습니다(일반 사람들은 상가주택을 더 선호합니다). 그리고 추가로 부족한 건축자금을 위해서 '기성고대출'을 활용했습니다.

기성고대출은 시설자금대출에 나오는 전문용어입니다. 건물을 신축할 경우 공사의 진행 공정률을 산출해서 시공된 만큼 대출이 실행됩니다. 1금융에서는 잘 취급하지 않고, 새마을금고나 신협, 저축은행 등이 주로 많습니다.

신축건물 준공 전 또는 미준공 상태에서 공사 중인 건물은 보존등기가 될 수 없습니다. 담보로 책정될 수 없으므로 공정률에 따라 대출이 분할되어 나옵니다. 차후 준공이 되면, 담보 책정 후 진행하는 방식입니다. 통상 건축단계에 따라 실사 후 대출이 실행되는데 골조공사 시 최상층 슬라브 배근이 완료되면 대출금액의 40%를 지급합니다. 방수, 단열공사 및 난방, 배관, 마감공사가 완료되면 30%를 지급하고, 준공 시 나머지 20%를 지급하는 등의 조건입니다. 건축의 단계별로 실사 후 대출이 진행되므로 자금이 부족한 시행사의 경우 활용하면 큰 도움이 됩니다. 그러나 대출이자가 일반대출보다 좀 더 비싸다는 단점이 있습니다(통상 8~9% 정도).

기성고대출 신청조건은 금융기관마다 상이합니다. 신축공사 중인 건축현장의 현재 공정률에 따라 조건이 정해집니다. 토지비와 공사대금을 합한 총사업비의 20%~30% 이상의 '에쿼티(자기 자본)'를 보유하고 있는 것이 확인되어야 가능합니다.

에쿼티는 총자산 중에서 자기 자본이 차지하는 비율을 나타냅니다. 건축은 토지 구매비부터 준공까지 투입된 총자금 중 자기 자본이 들어간 비율을 뜻합니다.

건축한 후 준공허가(사용승인)를 받은 후 준공 시에 1금융 대출로 전환하시면, 금융비용을 줄일 수 있습니다. 물론 중도상환수수료도 고려하셔야 합니다. 현재 이 건물들은 시세가 14억 원에서 15억 원 정도로 가치가 상승했습니다. 이 건물을 매입하신 분들은 여전히 안정적인 월세를 받으며, 건물 차익까지 향후 볼 수 있는 투자를 한 것입니다.

필지 2번 신축건물

대 지 340.00 ㎡ 102.85 평 건축면적 656.86 ㎡ 198.70 평
상가 ▨실 1+1원룸 ▨ 투룸 계 주인세대 ▨대

층수	호수	형식	현황	보증금	월세	비고
1F	101호	상가		30,000,000	1,800,000	3▨평
				20,000,000	1,000,000	21평
2F	201호	상가		30,000,000	1,200,000	40평
	202호	1.5룸		5,000,000	450,000	
3F	301호	1.5룸		5,000,000	450,000	
	302호	1.5룸		5,000,000	450,000	
	303호	1.5룸		5,000,000	450,000	
	304호	1.5룸		5,000,000	450,000	
	305호	1.5룸		5,000,000	450,000	
4F	401호	주인세대		150,000,000		
						관리비포함
				260,000,000	6,700,000	
	합계			보증금	월세 및 관리비	
				260,000,000	6,700,...	

매매예정금액	〉〉〉〉〉〉〉〉〉〉〉〉〉〉〉〉〉〉〉〉〉〉〉〉〉〉	–	1,100,000,000
임대보증금	→ 260,000,000	월임대료수입 →	6,700,000
	월임대료수입 ÷ 12 = 연간임대료수입	→	80,400,000
대출예정금액	→ 500,000,000	대출이자 (월) →	1,500,000
대출이율 (년)	→ 3.60%	대출이자 (년) →	18,000,000

월 수입 (대출이자차감)	〉〉	6,700,000	–	1,500,000	→	5,200,000
연간수입 (대출이자차감)	〉〉	80,400,000	–	18,000,000	→	
투자금액 (현금 자부담)	매매금액 – 임대보증금 – 대출예정금액					340,000,000
투자대비 연간수익률	〉〉	투자금액 (현금 자부담) / 연간수입 (대출이자차감)		×100	→	18.35%

+대출이율은 예시이며 건축주의 신용도와 대출한도에 따라 변경될 수 있습니다.
+임대차 금액은 향후 임대차시세에 따라 증감될 수 있으며 현재시세 기준으로 작성됨.

출처 : 저자 작성

건축 과정 소개

공사 과정

출처 : 저자 작성

기존의 토지가 '답'이었고 심지어 벼농사를 짓고 있었기 때문에 터 파기 전에 물을 빼고 그 위에 흙으로 성토를 한 후 잡석까지 깔았습니다. 그리고 L형 옹벽을 쌓아서 기초를 보강했습니다. 지반이 중요해서 기초작업을 하는 데 시간이 좀 오래 걸렸습니다. 하지만 튼튼한 건축을 위해 그 정도는 감수해야지요. 그러고 나서 본격적으로 건축을 시작했습니다.

앞의 자료들이 건축 과정을 보여주고 있습니다. 여러 동의 건물을 건축하다 보니, 비용 부분의 절감도 있었습니다. 공사 기간 또한 계획적으로 진행되어 맞출 수 있었습니다. 다가구주택의 경우 1차로 2, 3, 4층을 먼저 사용을 승인받았습니다. 2차로 1층 근린생활시설을 통으로 사용승인을 받아, 실제 건축 기간이 9개월 정도 소요되었습니다.

1차 준공 시 모습

출처 : 저자 작성

2차로 1층 상가를 준공받아서 임대차한 후의 모습입니다. 완전히 다른 상권으로 변해버린 모습입니다.

최종 준공 후 모습

출처 : 카카오맵

2차 투자는 해당 필지와 접하고 있는 위쪽 토지를 건축 중에 매입해서 진행했습니다. 2차 투자(총 3필지로 분할 후 건물 3개 동 신축)는 북쪽으로 접한 토지에서 진행되었습니다. 아래쪽 땅에는 단독주택이 있었고, 공사 중 소음 민원으로 땅 주인분을 알게 된 후 잘 지내게 되었습니다. 소통하다가 아예 주택과 토지를 매입한 경우입니다.

출처 : 저자 작성

매입 시기 : 2018년

대지 면적 : 1024㎡(약 310평)

전체 면적 : 647㎡(약 198평), 건물당(총 3채 신축)

지상 4층 건물(상가주택)

건물별 상가, 주택 개수 상이

토지 매입비 + 부대비용 : 11억 원(한 필지당 3억 7,000만 원)

건축비용 + 부대비용 : 13억 2,000만 원(한 건물당 약 4억 4,000만 원)

총매입원가 : 24억 2,000만 원

매도 가격 : 34억 원

매매 차익 : 9억 8,000만 원(2인 공동 투자)

1차, 2차 건물 9개 동 신축 후 완공된 모습

출처 : 카카오맵

2차 시행한 건물 3개 동과 1차 건물 6동이 완공된 모습입니다. 이 사례처럼 지목이 답인 농지인데, 도심 내 일반주거지역에 있어 있어서 어울리지 않았던 토지를 상상력과 창의력을 발휘해서 멋진 상권으로 변화시키고 개발차익까지 올릴 수 있었습니다.

이 사례는 토지 개발 후 건축물 9개 동에 속한 상가 개수가 1, 2층 합해서 35호실이 되었고 주변의 아파트와 초등학교가 있어서 1, 2종 근린생활시설(편의점, 미용실, 음식점, 학원, 스터디카페, 카페 등)이 입점해 새로운 상권이 형성되었습니다.

토지 투자는 꼭 원형지의 땅을 사서 땅으로 팔아야만 수익이 나는 것이 아닙니다. 이 사례처럼 개발의 개념으로 건축해서 매각하면 훨씬 큰 수익을 볼 수 있습니다.

이와 같은 사례는 전국 어느 지역이든 주변 상황 분석만 잘하면 얼마든지 개발할 수 있는 토지 투자의 사례입니다. 여러분들도 지금부터 주변을 다니면서 상상력과 창의력을 발휘해서 토지를 살펴보시길 바랍니다.

PART 06

토지 투자
유망지역 안내

수도권

GTX-A노선

수도권은 서울과 지리적으로 가까운 순서로 투자의 유망성을 판단할 수 있습니다. 특히 교통망 개선으로 서울과의 접근성이 좋은 지역이 향후 땅값이 상승할 확률이 높습니다. 따라서 GTX A, B, C 노선 주변이 우선 호재지역이라고 볼 수 있습니다.

그중에서도 수도권에서는 수도권 광역급행철도 GTX-A노선의 종착지인 파주 운정과 동탄신도시가 대표적 수혜지역으로 거론되며 내년 개통을 앞두고 있습니다.

부동산 투자에서 대표적인 호재는 교통망 개선입니다. 그중에서도 수도권에서 서울로 이어지는 철도망 개통은 특급 호재에 속합니다. 물론 교통 호재는 발표 시점 먼저 반영되는 특성이 있지만, 실제로 개통되는 시기가 다가오면 서서히 지역 아파트와 토지의 가격이 상승하기 시작합니다.

사실 수도권에서는 개발계획부터 부동산 시장을 가장 뜨겁게 만들었던 구간이 바로 GTX-A노선이고 벌써 이 노선이 준공을 앞두고 있습니다. 사업 진행 속도가 가장 빠른 삼성~동탄(39.5km) 구간이 상반기, 운정~서울역(42.6km) 구간이 하반기에 개통될 예정입니다.

특히 동탄신도시의 경우는 용인시 처인구 남산읍의 반도체 클러스터 개발계획과 맞물려 향후 최대의 부동산 이슈 지역으로 거듭날 것으로 보입니다. 아울러 동탄신도시 아래와 옆에 있는 경기도 오산시도 철도

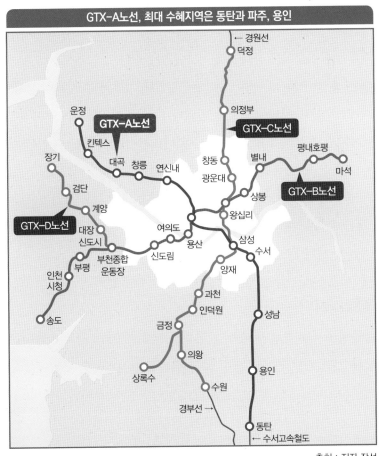

출처 : 저자 작성

망 수혜와 반도체 클러스터 개발계획과 맞물려 있는 인접 도시이므로 관심을 가지고 지켜봐야 합니다.

동탄신도시

경기도 화성시 동탄신도시는 핵심 구간이 되기 때문에 지가 상승이 예상됩니다. 그중에서도 동탄은 현재 SRT 고속철도가 지나고 있지만, 배차 간격이 넓어서 불편합니다. 그래서 서울 진입 시 많은 분이 자동차를 이용하는데, 혼잡한 경부고속도로를 지나가야 하므로 시간과 비용상 많이 소요되어 불편합니다. 그래서 최초의 노선 조사 결과에서도 경제적이며 실효성이 높다는 평가를 받았습니다. 지금 A노선이 확정된 구간을 보면 전체 11개의 역으로 운정에서 서울역을 지나 수서와 성남, 용인을 거쳐, 동탄에 이르게 됩니다. 수도권 3개의 지역을 어우르는 노선이지만 정차역이 크게 많지 않아 탄력적으로 이동할 수 있어 앞으로 출퇴근길 교통 혼잡도 줄어들 예정입니다. 이 노선이 2024년 개통되면 동탄역에서 강남역까지 20분대로 가능해집니다. 획기적인 교통망 개선이지요. 따라서 아직 개통되지 않은 지금 시점이 동탄 인근 토지 투자를 하는 데는 중요한 시기입니다.

운정신도시

동탄신도시와 함께 반대쪽 종착지인 파주 운정신도시는 상대적으로 강남과 거리가 먼 관계로 많은 사람에게 주목받지 못한 곳이었습니다. 하지만 2024년 A노선이 개통되면 강남역까지 40분이면 가능합니다. 동탄신도시와 비교하면 토지 가격도 상대적으로 저렴하므로, 지금부터라도 주변 토지에 관심을 두고, 물건을 찾아 투자해도 늦지 않습니다.

용인시

GTX-A노선에서 가장 수혜지역을 꼽으라면 저는 용인을 꼽고 싶습니다. 용인은 현재 수인분당선과 신분당선이 있는데 GTX-A노선까지 가세하면 그야말로 삼중 역세권의 도시가 되는 것입니다. 더불어 이번에 정부에서 발표한 용인시 처인구 남산읍의 반도체 클러스터 개발계획까지 더해서 수도권 중에서는 향후 10년 이내 가장 토지 상승률이 높을 지역으로 예상됩니다. 과거에 용인은 대표적으로 교통이 불편한 지역으로 많이 인식되었는데 앞으로는 이런 교통망 개선과 대규모 국책사업으로 인해 토지 투자로 주목해봐야 할 지역입니다.

현재 수도권은 토지 가격이 만만치 않으므로 토지 자체의 거래도 괜찮지만 택지지구나 도시개발사업지구 등 신도시 개발 중인 곳의 일반 주거지를 매입해서 건축을 겸해 방법을 고민해보면 좋은 투자처가 보일 것입니다.

GTX-B노선

우선 GTX-B노선에 앞서 그보다 더 앞선 철도망 개통 소식이 있습니다. 지하철 8호선 암사~별내동(12.9㎞) 연장 구간이 2024년 개통됩니다. 차량으로만 이동이 가능했던 경기 동북부와 서울 동부를 잇는 노선으로 핵심 주거지인 '다산신도시'와 '별내지구'의 토지 시장도 서서히 주목받을 것으로 예상됩니다.

GTX-B노선은 인천 송도에서 출발해 여의도~용산~서울역~청량리를 거쳐 남양주 마석까지 이어지는 총 80km 구간을 잇는 민간 투자 철

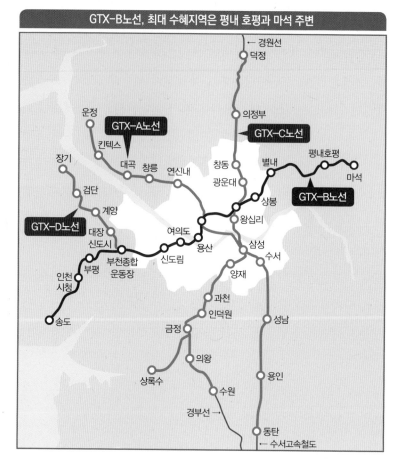

GTX-B노선, 최대 수혜지역은 평내 호평과 마석 주변

출처 : 저자 작성

도사업입니다. 정거장은 13곳이며, 송도~망우 구간 55.1km는 새로 신설되고, 망우~마석 구간은 기존 경춘선 노선을 공유하게 됩니다. 현재 계획으로는 2028년경 완공될 것으로 보입니다.

　GTX는 최고속도 180km/h, 표정속도(역별 정차시간 포함한 평균속도) 100km/h로 운행돼 송도에서 서울역까지 현재 82분에서 27분, 송도에서 마석까지 현재 130분에서 50분으로 이동시간이 크게 단축될 그것으로 예상합니다. 따라서 그동안 교통 인프라 부족으로 서울 주요 도심과의 접근성이 떨어졌던 인천 송도와 남양주 등, 노선 양 끝에 있는 지역이 수혜지역으로 주목을 받고 있습니다. 토지 시장에서는 인천 송도는 워낙 비싸고 투자할 만한 토지도 많지 않습니다. 금액도 많습니다.

남양주

반면 경기도 남양주는 평내호평역을 거쳐 마석까지 주변으로 아직 투자할 만한 토지가 많습니다. 특히 남양주시 화도읍의 경우 가구단지로 유명한데 향후 아파트 시행과 건설이 많이 예상되므로 근린상가를 건축할 수 있는 계획관리지역 토지를 유심히 보시길 바랍니다. 또한, 화도읍 녹촌리에 있는 녹촌2지구 도시개발사업 부지 내 토지 역시 중견 건설사(○○토건)에서 2021년부터 환지 방식으로 개발을 추진하고 있습니다. 지금이라도 선점한다면 위치 좋은 환지예정지에 투자할 수 있습니다. 그리고 마석역 주위는 소액으로도 투자할 수 있는 토지가 많습니다. 그만큼 아직 개발이 덜 된 지역이라고 보시면 됩니다. 마석역 외곽으로 가면 저렴한 농지와 임야가 많이 있습니다. 너무 외곽까지는 보지 말고 주변에 전원주택 단지가 형성되어 있는 곳 끝자락까지를 투자 대상으로 보고 토지를 알아보면 될 것입니다.

남양주의 경우 향후 GTX-B노선 개통 시 경기 동부권에서는 토지 상승률도 손가락에 들 정도로 현재 저평가된 지역입니다. 이번 교통망 호재를 기회로 10년 이내의 중장기 투자로도 유망한 지역입니다.

GTX-C노선

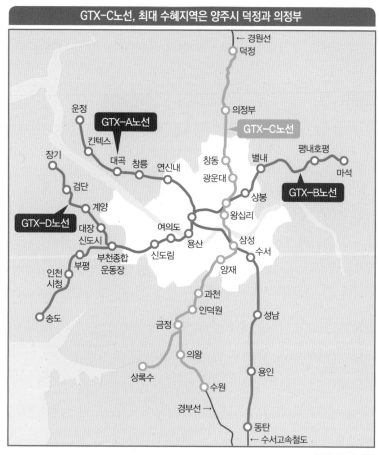

GTX-C노선, 최대 수혜지역은 양주시 덕정과 의정부

출처 : 저자 작성

수원시

GTX-C노선은 서울 동부권을 기점으로 북으로는 덕정에서 남으로 수원까지 연결됩니다. 총 10개 역을 잇는 노선입니다.

수원의 경우는 개인이 토지를 투자하기에는 가격대가 높습니다. 만약 토지투자지역으로 본다면 현재 수원역을 기점으로 영통구와 팔달구가 있는 동쪽은 이미 많이 개발된 지역이고요. 서쪽에 해당하는 권선구는 바로 인접하고 있는 수원 군 공항의 영향으로 장기간 고도제한이나 소음 등의 이유로 주목받지 못하고 있었습니다. 하지만 최근에 수원 군사공항 이전 문제가 이슈화되고, 경기도 화성시 화옹지구로 이전이 구체적으로 협의가 이뤄지며 급물살을 타고 있습니다. 현재는 권선구 서둔동의 역세권개발지구 일반상업지역의 소형 토지들이 약 6억~8억 원 사이에 매물이 있으니까 이런 상업지역 토지를 투자한다면 1~2년 내 시행사에 매도해 2배 정도 차익을 볼 수 있는 물건들이 있습니다. 아니면 아예 중장기 투자를 생각하고 현재 군사지역으로 제한이 많은 권선구 외곽 지역의 토지를 매입합니다. 10년 정도의 기간을 보고 투자한다면 군 공항 이전이라는 이슈의 실행으로 의외로 큰 수익으로 돌아올 수도 있습니다.

의정부

GTX-C노선에서 가장 수혜가 큰 지역은 의정부 지역입니다. 완공된다면 강남까지 20분 정도면 갈 수 있습니다. 하지만 의정부 역시 토지 투자로서는 이미 가격이 높으므로 투자하기 쉽지는 않습니다. 아파트 투자는 의정부 지역이 수혜를 볼 것입니다. 따라서 토지 투자는 의정부 외곽 쪽을 보고 아예 동두천이나 포천 쪽의 토지도 투자 대상에 포함 시켜서 보는 것이 낫습니다. GTX-C노선과 연계한 광역철도 노선을 포천까지 검토 중이라고 하니 향후 미래를 보고 좀 더 폭넓은 지역을 투자해도 무방합니다.

중부권

충남 당진시

경기도 평택과 바다를 사이에 두고 마주하고 있는 지역이 바로 충청남도 당진시입니다. 행정구역상은 충청도이지만, 경기도와 접하고 있는 지리적 장점이 있는 지역입니다. 당진은 향후 철도, 고속도로, 항만 등이 신설될 지역이다 보니 인프라가 들어오는 그것만으로도 많이 변화될 것이 예상되어 요즘 토지 투자자들 사이에서 유망한 지역이라고 할 수 있습니다.

당진시에 새롭게 철도가 들어오게 되는데요. 합덕역에 GTX와 맞먹는 역사가 생기면서 철도망이 신설됩니다. 서해선 복선전철 사업인데 충남 홍성에서 경기도 화성(송산)까지 있는 90km 길이의 철도로, 홍성에서 송산까지 40여 분만에 주파가 가능합니다. 해당 노선이 합덕을 지나면서 당진 합덕역이 합덕읍 도리에 예정되어 있어, 2024년 6월 개통을 목표로 철도역사가 건설되고 있습니다.

GTX-C노선, 최대 수혜지역은 양주시 덕정과 의정부

출처 : 당진시

합덕역 예정지

출처 : 카카오맵

용인에서도 자동차로 서울에 진입하려면 1시간은 걸립니다. 그렇다면 당진은 수도권이라고 봐도 무방하겠습니다. 당진-대산항 간 산업철도는 기업의 물류비 절감에 이바지할 것으로 예상됩니다. 서해선 복선 전철은 관광지로의 인구 유입을 증대시킬 것입니다. 그 외에도 고속도로가 확충되고 도로 인프라가 촘촘히 메워질 것으로 보입니다. 당진시에서도 기업을 유치하며, 인구를 늘리려고 하고 있습니다. 석문국가산업단지가 만들어지고 도로망이 개선되면서 서울까지 1시간이면 도착가능합니다.

현대제철을 비롯한 대기업이 있고, 서해안 최대의 산업단지로 인한 꾸준한 인구증가 도시입니다. 서해선 복선전철, 석문국가산업단지 철도, 중부권 동서 횡단철도의 역세권인 합덕역이 2024년 6월, 개통이 예정되어 있습니다. 그 주변 땅값도 상승할 것입니다. 새로 들어설 두 군데 IC 주변(대호지 IC, 정미 IC)의 물류창고부지나 공장용지가 될 수 있는 토지 투자를 한다면 향후 큰 수익이 날 것으로 예상됩니다.

남부권

향후 수많은 호재가 있을 새만금 사업

전라북도 군산(비응도)과 부안(대정리)을 연결하는 33.9km의 방조제를 축조한 후 간척토지와 호소를 조성해서 국토의 효율적 활용을 도모한다는 취지에서 1991년 착공에 들어간 국책사업입니다.

22조 원 규모의 국책사업이며, 국제공항과 국제항 주변도시를 잇고, 국가산업단지 교통망을 확충하려는 목적의 사업입니다. 단일 규모로 개발되는 도시로서는 최대 규모입니다. 첫 삽을 뜬 지 30년이 된 지금에야 새만금 프로젝트는 본격화되고 있습니다.

최근 전북 군산시는 새만금산업단지를 중심으로 2차전지 소재 기업들이 모여들고 있습니다. LG화학과 중국 화유코발트가 1조 2,000억 원을 들여 새만금산업단지에 전구체 공장을 짓는 양해각서(MOU)를 체결했습니다.

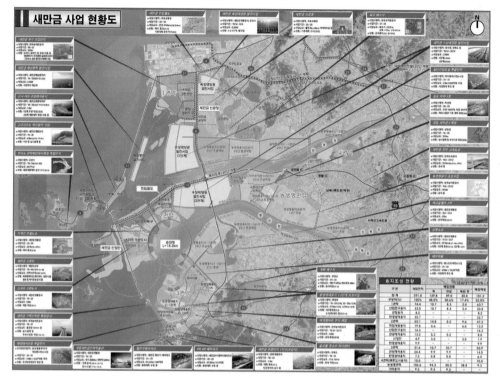

    향후 전 세계적으로 2차전지 산업이 대세가 될 이 시기에 새만금 투자 유치는 새만금개발사업에도 큰 영향을 미칠 것입니다.

    새만금산업단지에는 2023년 1~3월에만 1조 8,000원대의 투자가 이루어졌습니다. 2023년 3월 23일 SK온이 에코프로, 중국 전구체 업체 거린메이(GEM)와 1조 2,100억 원 규모의 전구체 합작 공장 건설을 위한 업무협약을 맺었습니다. 3월 30일에는 하이드로리튬과 어반리튬이 각각 3,255억 원과 1,737억 원을 투자해 수산화리튬과 탄산리튬 생산 공장을 짓는다고 발표했습니다. 그야말로 새만금이 향후 2차전지 산업의 메카로 자리 잡는 계기가 마련되었습니다. 향후 인구증가와 일자리증가 등으로 새만금개발사업은 한층 탄력을 받을 것입니다.

토지 투자의 관점에서도 군산과 부안 일대의 토지에 관심을 가져야 할 타이밍이 왔습니다. 2023년 8월 1일부터 12일까지 전북 부안 새만 금에서 '제25회 세계스카우트잼버리'가 열립니다. 약 153개국에서 참 가인원만 4만 2,300명가량 되는 대회입니다. 세계스카우트잼버리는 4 년마다 열리는 세계스카우트연맹의 합동 야영대회이자, 국제 청소년들 이 문화를 교류하는 축제입니다. 토지 투자자의 입장에서 세계적 행사 를 위해 교통 인프라 개선과 관광 숙소 및 편의 시설 등의 구축이 향후 긍정적인 부분입니다.

고군산군도와 연결된 새만금 방조제

출처 : 저자 작성

제5차 국토종합개발계획에서 서해안의 대표적 개발 방향 목표에 맞 게 중국과 경제교류 중심지로서 경제 허브 조성이 한층 다가온 것 같 습니다. 투자의 관점에서 중요한 점은 새만금 일대는 아직도 개발 초기 단계라는 것입니다. 따라서 새만금 개발 사업지 인근 토지 투자는 새만 금 국제공항과 신항만 복합관광 단지와 산업단지 등의 사업과 맞물려 서해안 교통 중심지로 발돋움할 것입니다. 우리가 토지 투자에서 새만 금 사업지가 있는 군산과 부안을 눈여겨봐야 할 이유입니다.

가덕도 신공항 개발 사업

2023년 3월 14일 기본계획 용역 중간 보고회가 개최되었습니다. 2030 부산 세계박람회에 맞춰 2029년 12월 매립식 공법으로 개항 추진 중이며 신공항 개항으로 교통망 확충이 필수 24시간 운영공항을 위한 도로확충과 철도망 구축 및 공항 배후도시와 산업단지가 생길 예정입니다.

투자 유망지역으로는 창원시 진해구 동부권 일대(용원동, 안골동, 두동, 남문동)-진해 신항 호재와 더불어 강세 예상되고 부산시 강서구 일대(녹산동, 명지동, 지사동) 거제시 장목면 일부도 수혜지역입니다.

가덕도 신공항 조감도	거가대교와 가덕도 전경

출처 : 나무 위키	출처 : 저자 작성

남부내륙철도 종착역 거제도

서울에서 거제까지 2시간이면 갈 수 있는 KTX가 2027년 개통이 예정되어 있습니다. 2022년 1월 13일에 기본계획 확정 고시되었습니다. 남부내륙철도의 신설역 주변을 투자 대상으로 눈여겨봐야 합니다. 이 중 가장 앞서 나가는 곳은 통영 역세권 개발입니다. 2022년 12월에 국토교통부의 투자 선도지구로 선정되었고, 6,500억 원의 사업비가 투입되는 것이 확정되었습니다. 종착역인 거제시 사등면 사곡리는 이미 가격이 상승 중입니다. 향후에도 계속 상승될 것으로 예상이 됩니다. 또한, KTX 개통이 완료되면 거제는 일일생활권으로 바뀔 것입니다. 거제 전체가 관광객 유입으로 숙박시설 용지 근린생활 부지가 필요해집니다. 이 역시 가격 상승요인으로 향후 토지 투자 전망이 밝습니다.

출처 : 국토교통부

거제 조선소 전경

출처 : 저자 작성

여수 남해 해저터널

　경남 남해시 서면 서상리와 전남 여수시 삼일동 신덕항이 해저터널로 연결되는 사업이 확정되었습니다. 2024년 착공해서 8년 공사 기간을 거쳐 2032년 개통예정입니다. 여수에서 남해까지 1시간 20분이 10분으로 줄어드니 획기적인 교통망 개선 사업입니다. 보령 해저터널 이후 땅값 상승을 참조하면 이곳의 땅값 흐름을 예측할 수 있습니다.

여수-남해 해저터널 위치도

출처 : 국토교통부

남해에서 본 해저터널 예정지 여수 신덕항

출처 : 저자 작성

우주항공청 개청 예정 도시 사천시

한국항공우주산업(KAI) 본사가 위치한 경남 사천시는 2023년 정부의 항공우주청 개청이 확정될 예정입니다. 사천시장은 우주항공청이 들어오는 곳을 중심으로 상업지구 등이 포함된 행정복합단지를 만들어 사천의 신도시로 육성하겠다고 밝혔습니다. 현재 사천시청이 위치한 용현면 금문리, 주문리 등이 투자 유망지역으로 거론되고 있습니다.

사천시 항공 우주 엑스포 행사 전경

출처 : 저자 작성

제주권

    제주도는 언제 어느 때든 토지 투자로서 유망한 지역입니다. 다만 제주도는 유네스코 자연유산에 지정될 만큼 빼어난 자연경관을 가지고 있어, 제주도만의 특별한 규제가 있습니다. 이것을 먼저 숙지한 후 투자해야 합니다. 제주에서만 존재하는 특별법인 '제주특별자치도 설치 및 국제자유도시 조성을 위한 특별법'은 하위에 있는 제주도 조례로 기존 용도지역 외 절대 보전지역 상대보전지역 관리보전지역을 조사해서 5년 단위로 제주도에서 관리하고 있습니다. 따라서 토지 투자를 하실 분들은 하위 특별법을 꼭 알아두셔야 합니다.

제주 보전지역 내 주의해야 할 3가지

첫째, 지하수 자원보전지구 1~5등급

둘째, 생태계 보전지구 1~5등급

셋째, 경관보전지구 2~5등급

유네스코 세계자연유산 성산 일출봉 전경

출처 : 저자 작성

4~5등급에 가까울수록 개발이 더 쉽습니다. 앞의 보전지역 중 이것 만 꼭 기억하시면 됩니다.

첫째, 4-1등급이라고 되어있는 땅이 있다면 이 땅은 전체토지의 50%만 개발이 허용됩니다. 건폐율도 50% 줄어들고, 용적률도 50% 줄 어듭니다. 어떤 행위를 위해서 땅을 샀는데, 개발이 50%밖에 안 된다 면 낭패겠지요. 그래서 이 4-1등급은 특히 조심하셔야 합니다.

둘째, 상수관과 오수관을 꼭 확인하셔야 합니다. 제주도는 화산섬이 라는 특징 그 때문에 건축하기 위해서는 상수관과 오수관이 필수적입 니다. 그 관이 가까이 있을 수도 있고, 멀리 있을 수도 있습니다. 아니면 지역별 총량제로 인해 아예 연결할 수 없는 예도 있습니다. 싸다고 땅 을 샀는데 알고 보니 상하수도관 연결비용이 땅값보다 더 들거나 연결 이 안 되어 쓸모없는 땅을 사는 경우가 허다합니다.

참고로 상수관을 연결비용이 미터당 4~5만 원 정도인 데 반해, 오수관은 미터당 40~50만 원으로 10배 차이가 납니다. 아무래도 오수관이 더 비싸니 반드시 오수관과 해당 토지와의 거리를 확인하셔야 합니다.

여기서 또 하나 꿀팁을 드리자면, 오수관은 거리만 가지고 판단하면 안 됩니다. 구배를 확인해야 합니다. 구배는 경사입니다. 내 땅보다 아래쪽에서 오수관을 끌고 오는 것은 중력의 법칙으로 인해 힘들 수 있습니다. 반드시 오수관이 내 땅 위쪽을 지나는지, 아래쪽을 지나는지 꼭 점검하셔야 불이익을 당하는 일이 없습니다.

셋째, 제주만 있는 특이한 지형인 곶자왈 지형 안에 땅을 매입할 때는 정말 신중하셔야 합니다. 제주도에서는 난개발 방지를 위해 곶자왈에 대한 개발정책을 강화되어 있습니다. 내가 살 땅이 곶자왈에 포함되었다면, 한번 더 신중하게 개발행위에 관해 도청에 문의하신 후 해당 토지 매입을 고민하시길 바랍니다.

넷째, 마지막으로 제주도는 외지인의 농지 구매가 제한되어 있습니다. 지목이 전, 답, 과수원 등으로 된 토지는 주소가 제주도에 있어야 합니다. 실제 경작 여부도 확인하고 있습니다. 특히 농지 구매 시 필수적인 농지취득자격증명원은 대리발급이 불가능합니다. 꼭 본인이 직접 발급을 받아야 한다는 점이 육지와 큰 차이점입니다.

이상에서 말씀드린 4가지만 기억하신다면 제주도 토지 매매에 있어서 함정은 피해가실 수 있습니다. 꼭 기억하시고 육지와 다른 제주 토지 매입 시 주의사항 기억하시길 바랍니다.

제주도는 몇 년 전 사드 문제로 중국인들이 투자를 철회한 데다, 코로나19로 최근 몇 년 간 토지 시장이 주춤한 상황입니다. 하지만 제주도 내에서도 코로나19로 인해 가격 편차가 심한 지역이 있습니다. 대표적으로 제주 서쪽에 있는 제주영어교육도시입니다. 이곳은 코로나19 기간에 토지 상승률이 엄청났습니다. 외국으로 유학가지 못하고, 이곳으로 유학을 온 학생들 덕분입니다. 최근에는 다시 제주영어교육도시 내 추가 국제학교 유치 가능성이 점쳐지면서 또 한 번 도약을 준비 중입니다. 제주영어교육도시가 위치한 대정읍 구억리와 보성리는 여전히 투자 유망지역이고 서광리, 안성리와 덕수리까지 타운하우스와 근린상가를 지을 수 있는 토지는 유망합니다.

　제주도는 자연유산과 한라산 등의 특수한 환경으로 전체토지에서 개발 가능 토지가 20% 미만이기 때문에 어느 지역을 투자해서 향후 토지 가격상승이 예상됩니다. 공급은 이미 정해져 있고 수요는 계속 생기기 때문에 안 오를 수가 없는 형국입니다.

　또한, 제주2공항을 최근 환경부에서 환경영향평가 조건부 수용을 계기로 사업 진행에 탄력을 받을 전망이어서 제주 동부권 토지 투자가 다시 관심을 받고 있습니다.

　2023년 기준, 제주2공항 인근은 토지거래허가구역으로 묶여 있습니다. 이럴 때는 경매를 통해 낙찰받은 전략을 사용하면 토지거래허가를 피할 수 있습니다. 동부의 표선과 세화 월정리 등 해수욕장을 중심으로 인근의 구옥과 토지가 유망합니다. 최근에는 에어비앤비 등을 활용한 개인 숙박의 수요가 점점 많아지는 관계로 소형주택을 지을 수 있는 토지가 인기가 많습니다.

또한, 제주도는 꾸준한 이주 수요와 한 달 살이 수요로 인해 소형 토지와 주택을 건축할 수 있는 용도의 토지 수요가 계속 증가하고 있습니다. 매매, 경매, 공매를 적절히 활용해서 투자하는 전략을 가져가시길 바랍니다.

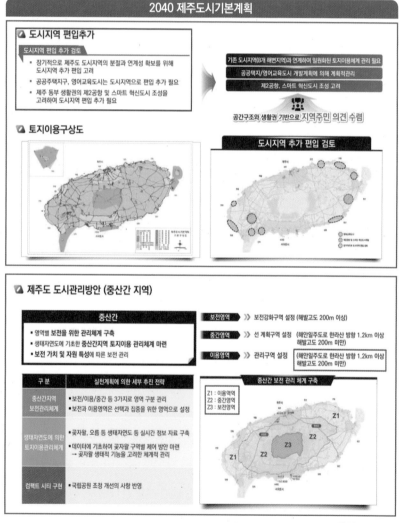

출처 : 제주도청

다음 '2040 제주 도시기본계획' 자료를 참고해서 투자에 활용하십시오. 도시지역으로 추가 편입이 검토되는 지역 중에서, 해안 일주도로 한라산 방향으로 1.2Km 이상, 해발고도 200m 미만의 토지를 중점 투자 대상으로 삼으시면 좋은 결과가 있을 것입니다.

토지 투자는 한 번도 안 해 본 사람은 있어도 한 번만 하는 사람은 없습니다. 그만큼 진입장벽이 높지만, 한 번 진입하면 아주 매력적인 시장입니다. 이 책을 읽은 여러분들은 그 진입장벽을 1차로 깨뜨리셨습니다.

이제 기본은 알게 되었으니 앞으로는 여기에 조금씩 토지 투자 기술들을 익혀서 채워 나가시면 빨리 토지 투자 고수가 될 수 있습니다. 기본을 알고 나면 이후부터는 속도가 엄청 빨라집니다.

이 책의 마무리는 제가 좋아하는 《성공하는 사람들의 7가지 습관》의 저자 스티븐 코비(Stephen Covey) 박사의 명언으로 하겠습니다.

"생각은 행동을 낳고 행동은 습관을 낳고 습관은 운명을 바꾼다."

토지 투자에 관한 생각이 바뀌면 투자를 실행하게 되고, 투자가 습관이 되면 당신의 운명은 부자로 바뀝니다.

아무리 좋은 땅도 사지 않으면 당신에게는 아무 일도 일어나지 않습니다.

실행하는 여러분들의 모습을 기대하며 이만 마칩니다.

정병철(정프로)

2억으로 1년에 10억 버는 토지 투자 기술
지금은 땅이 기회다

초판 1쇄 2023년 6월 30일

지은이 정병철(정프로)
펴낸이 최경선 　　　　　 **펴낸곳** 매경출판㈜
기획제작 ㈜두드림미디어
책임편집 이향선 　　　　 **디자인** 노경녀 nkn3383@naver.com
마케팅 김성현, 한동우, 구민지

매경출판㈜
등록 2003년 4월 24일(No. 2-3759)
주소 (04557) 서울특별시 중구 충무로 2(필동 1가) 매일경제 별관 2층 매경출판㈜
홈페이지 www.mkbook.co.kr
전화 02)333-3577
이메일 dodreamedia@naver.com(원고 투고 및 출판 관련 문의)
인쇄·제본 ㈜M-print 031)8071-0961
ISBN 979-11-6484-581-1 (03320)

같이 읽으면 좋은 책들

내 집을 싸게 사는 최고의 방법

서울시 공정경제 황박사가 알려주는
NEW 상가임대차 분쟁 솔루션

멈출 수 없는 UNSTOPPABLE
공간개발의 미래관과제와
부동산 투자의 새로운 시각

신방수 세무사의
주택임대사업자 등록말소주택
절세 가이드북

부동산 성공 투자의 시작
알기 쉬운 경매 실무
발품 팔면 성공이 보인다

RESTART 부동산 투자
아무도 말해주지 않는 불변의 성공비밀

백만장자 마인드
극한직업 건물주

백만장자 라이프
꼬마빌딩 건축

신방수 세무사의
확 바뀐 상가빌딩 절세 가이드북

우대방과 함께하는
성공 부동산 중개사무소 창업

지식산업센터 투자의 정석

닥치고 현장!
소액자본으로 부동산 부자되기

신방수 세무사의
부동산 증여에 관한 모든 것

부자 경매의 시작
알기 쉬운 기초 경매
볼을 알고 위을 말면 얻면 경매는 한다

라쳴과 함께 공부하는
셀프 경매 바이블

실전 사례로 풀어보는
상가 셀프 경매의 정석

닥치고 현장!
부동산에 미치다
부동산 투자의 답은 현장에 있다

쉽게 따라 하고 빠르게 도전하는
빌라 투자 방정식

DEVELOPER
부동산 투자의 제4물결
디벨로퍼 경매

부동산 슈퍼리치만 아는
투자 비밀
SUPER RICH

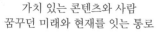